第2の人生で居酒屋を始める

開業・メニュー・不景気・生き残り

稲子俊男 著

同時代社

第2の人生で居酒屋を始める

―開業・メニュー・不景気・生き残り―

目次

第四章　メニューの周辺

第五章　四字熟語に見る居酒屋の四季

第六章　どっこい生きている

※　掲載されている写真は本文とは関係ありません。

カナダからようこそ

高齢化日本

居酒屋で日蝕を観察？

ときには元同僚も

いつもの光景

太った太宰がいる

何を見つめる、乙女達？

ヒゲの人も入れる店

第一章

第2の人生スタート！

1　たった一度の人生だから

うち続く不況の中で迎えた昭和三二年、いくつかの就職試験に失敗したあと、ようやく入った会社は、規模は小さいものの、長い歴史と伝統をもった会社であった。

本社は旧読売新聞社の近くで、一番西のはずれとはいえ銀座である。学生時代には、銀座に足を踏み入れることなどごく稀だったので、少し晴れがましく、帰省した時など銀座に通っていることを得意がって話したものだ。

六ヶ月間の集中教育のあと配属されたのは、手動計算機を直接ユーザーに販売する営業部門だったが、この業務にあまりなじめなかったものの、まあ居心地は悪くなく、当時の多くのサラリーマンのように定年まで勤めあげるものと考えていた。

数年後肺結核で入院、六ヶ月休職したあと内勤になり、営業事務や企画に仕事が変わった。その頃から労組にかかわるようになって、執行委員のあと、書記長と委員長をそれぞれ二期務めることになる。

労働組合の仕事に入ると、いやでも会社の内情や経営の矛盾が見えてきて、現状に対する不満が嵩じ、組合活動を通して経営改善をすることに情熱を注いだものだ。

急速に進んだ技術革新に乗りおくれた会社は、長い業績不振を続けている最中に、第一次オイルショックをもろに受け、厳しい再建に取り組む羽目になったのだが、その頃は組合も卒業して管理職になり、会社側の一員として組合との折衝に当たることになっていた。

長く組合の幹部をやっていたこともあってか、会社再建策の策定と、労組との協議を任された三人のメンバーに選ばれていた。今流に言えばリストラ策であり、その中心は従業員の一割に当る退職勧奨と呼ばれる人員整理である。

組合との折衝は難航を極め、徹夜交渉などもあったものの、話し合いの中で決着をみた。交渉妥結は暮もおし迫った一二月二九日であった。その結果、長い間一緒に仕事をしてきた同僚が、翌年春には多くの不満を残して会社を去っていった。退職勧奨者のリストアップはトップの仕事であったとはいえ、首切りの片棒をかついだという砂を噛むような思いは消え去ることなく、いつまでも沈殿することになる。

この組合折衝の過程でトップとわれわれ交渉委員との間で高度な政治的な密約があったのだが、会社がこれを反故《ほご》にしたため、結果として組合幹部の信義を裏切ったかたちになり、極めて苦しい立場になってしまった。この心の傷が癒えるにはかなりの時間を要している。

管理職として会社の命ずるところに従ったまでと開き直ることもできようが、そう器用にはできず、組織の中に組みこまれた切なさ情けなさが日増しに増幅していき、組織から離れたいという想いが少しずつ強くなっていった。

日が経つにつれ、会社の持った冷徹な論理から脱出して、何ものにも束縛されない仕事をしたい、精神的に自由でいたい、もっと自分を大切にしたいという気持ちが強くなる。人生は一度しかない、これからの半生をもっといとおしみたい。こんな思いが次々に湧き出て、抑え切れないまでになっていた。

2　社長への長い手紙

組合折衝が終わってしばらくしたあと、社長に会い、雑談の中で会社を辞めて立ち喰いそば屋をやってみたいのだがと言って、頭ごなしに怒鳴られたことがあった。

前述の通り会社は長い歴史があり、全国に事業所が三〇くらいあって、その半数は、その都市の中心部に位置していた。再建策のひとつとして、その立地を利用して立ち喰いそば屋をやろうと提案したのだが、それならオマエが研究してみろいうことになり、立ち喰いのチェーンなどを取材していた事情があった。堅実な経営を続けてきた会社で、いくら再建策といっても立ち喰いそば屋が受け容れられるはずもなく、沙汰止みになっていた。

一方、残る半生は組織から離れた仕事をしたいという気持ちはこうずるばかりである。当初の投下資本が少なくて済む立ち喰いそば屋なら、素人からの転職も可能だという自信もあって、ついに会社を辞めて立ち喰いそば屋をやる決断をした。

社長室に入って「会社を辞めます。辞表です」と辞表を置いてくれば済むことだが、以前のこともあり、突き返される惧れがあったので、社長宛の長い長い手紙を辞表に添えて提出し、「これを読んでください」と渡して帰った。残った人生、自分をもっと大切に生きたい、自分で納得いく人生を送るには脱サラしかないという真情を吐露したもので、便箋七、八枚になっていた。

社長は大学の先輩で、入社以来可愛がられ、なんでも話し合える間柄であった。辞表を出した数時間後、常務が席に来て「稲子君、久しぶりに一杯やろう」とさそわれ、夕方、指定の場所へ行くと社長も一緒である。社長はすでに納得したのだろう、何も言わない。代りに常務から「なんとか思い直せないか」と言われるのだが、いったん出した辞表を引込めることができるわけがない。

辞表を提出して気持ちが高揚していたところへの慰留である。不覚にも熱いものが込み上げて、常務に返す声がくぐもっていた。時に昭和五二年四月、入社してから丁度二〇年目のことである。

3 足許を固める

脱サラするについて、最も大切なことのひとつが家族の協力である。脱サラの決断も、その後の仕事も家族の協力なしには進むものではない。

組織の論理の及ばないところへ行きたい、会社を離れて新しい仕事がしたいと真剣に考えるようになってからは、ことある毎に妻に対し「会社を辞めたい」「新しく商売をやりたい」と言っていた。最初のうちはかなり驚き、ショックを感じていたようだが、何回も聞かされるうちに、そんなものかとならされてしまったようだ。最終的に辞表を出す決断を話した時の言葉は「仕方ないわね」であった。本人なりに気持ちの整理はできていたのだろう、私の方は胸高鳴る状態に対し妻の方がむしろ淡々としているように見えた。

しかし、考えてみれば妻の方に不安がないわけはない。私自身の不安よりも大きな不安があったと思われる。当時、管理職の賃金カットが行われていたとはいえ、毎月のサラリーは保証されている。今後は保証は全くなくなるのだ。不安がない筈がない。

退職金もたいした額ではなく、蓄えも多くはない。一方、当時の家族は、長女が高校進学を目前にした中二で、長男が小六、だんだんむつかしくなる年頃なのに、新しい商売を始めるとなれば親子接触の機会は極端に少なくなるだろう。

辞表を出した後の日曜日、家族会議を開いた。非常事態宣言をして、家族全員の協力を求めるためである。

「みんな聞いてくれ。お父さんは会社を辞める。これから新しい道を歩いて行きたいのだ。お前たちは不安かもしれないが、みんなが協力してくれればなんとかやって行けると思う。近いうちに立ち喰いそば屋を始めるつもりだ。迷惑をかけるが、一人ひとりができる範囲で協力してくれれば必ずうまくいく。お父さんの気持ちをわかってもらいたい」と言って妻と子供に頭を下げた。

「立ち喰いそば屋なんてカッコ悪いわ、喫茶店の方がいいな」

が長女の発言、男の子の方は、

「ハンバーガーショップにしたら」

ただでたらふくハンバーガーが食べられるのを夢想しているようだ。

「お母さんもなにか意見があったら言ってよ。一番苦労かけることになるんだから」

しばらく考えてから言うには、

「何をやるにしても、全て素人だから苦労は覚悟しています。ここまで来てしまったんだから私はお父さんについて行きます……。それで商売がうまくいかなかったら、年中朝昼晩三食共かけそばで済ます覚悟をしておけばいいんだから……。仕方ないもんね」

人間開き直れば強い。

真情を話したものの、幼い子供たちに父親のロマンなど解るわけはないし、理解できるのは長じてからだろう。なんはともあれ、表面的には家族の協力取り付けは一応できたわけである。

後述するように、当初予定していた立ち喰いそば屋の構想は頓挫し、予定外のやきとり中心の居酒屋に転進するのだが、そば屋から飲み屋に方向を変えた時は、再び妻の説得が必要になってしまった。妻はＯＬの経験はあるものの、商売の経験など全くなく、飲み屋にもあまり入った経験もなかったので、不安が倍化していたのだ。しかし、今更後に引くわけにはいかない。

不承不承のままでの見切り発車になったものの、結果としては、むしろ素人っぽい夫婦二人の家庭的な雰囲気が珍重され、多くのお客さんに支持されたのだと思う。大成功とまではいかないまでも、開店以来大きなほころびもなくやって来られたのは、家族の協力、なかんずく妻の大きな負担と協力に負うところが大であると感ずる次第である。

人生は賭けだといわれる。しかし、新しい商売に賭けて破れた時の負担と失うものは大きい。最悪破産とか家庭の崩壊まであるのだから、安易に賭けに走るのも考えものだ。とはいえ、やはり賭けるべきときに賭けるのを避けた場合には、悔いは倍化されて残ることになろう。

4 助走

辞表を出して一ヵ月後の昭和五二年六月一日、ほやほやの素浪人の誕生である。その朝、ぼんやりした目覚めの中で、きょうからはあたふたと家を出て、満員電車に乗る必要がないんだというささやかな悦びを噛みしめていた。

二〇年間のサラリーマン生活のあかを落とすには少なくても三ヶ月、いや六ヶ月ぐらいは取りたいと考えていた。籍のあった会社での生活を忘れ去り、これから始まるであろう厳しい挑戦からも目をそらした、自由な時空を確保し心身共にリフレッシュしたかったのだ。

まず第一に考えたことは、何の予定もたてずただただぼんやり過ごすことである。しかし、悲しいかな、時間を区切って働くことが習性になっていて、ゴロゴロしている日が二、三日も続くともうだめである。変にイライラしてしまう。ストレスからの解放を狙った無為の生活が、かえってストレスを助長する始末である。

そこで、これではいけないと、まず外国旅行を考えパスポートをとった。長い間会っていない遠くにいる友人のところへ行ってみようとも考えた。スケッチ旅行もいいな、読めなかった大部の本を読むのもあか落としにはいいのではないか。

まず手始めにやったのが関西方面への旅行である。神戸と京都でそれぞれ会社を経営する竹馬の友を訪ね、三人一緒でゴルフと酒を楽しみ一別以来の交流をし、忘れ得ないよい想い出を作ることができた。

つぎがスケッチ旅行だが、今では日展の審査員も務めるぐらいの絵描きになった従兄弟と、故郷の房総の海を巡ったりした。彼の作品は今では海は少なく、もっぱら山をモチーフにしている。

当初の予定通り、いのちの洗濯をとばかりに優雅に自由な素浪人生活をエンジョイしたのだが、一ヶ月経ち二ヶ月が過ぎると、こんなことをしていて、立ち喰いそば屋など始められないのではないかと不安になり、一旦不安が心に住みつくともういけない。サラリーマンのあかを落とすなどと格好をつけるのはいいが、開業について早く取り組まないと、とんでもないことになるかもしれないという強迫観念に襲われ、いても立ってもいられないようになってしまった。

5　方向転換

サラリーマンのあか落としという名分で自適の生活を続けたものの、次にやろうとしているのが一八〇度方向の違う商売である。開業についての取組みに早過ぎることはあるまいと思うようになると、怠惰な素浪人生活がとたんに不安とあせりに変わってしまった。

やらないといけないことは山ほどある。まず最優先されるのが店舗さがしである。具体的にさがしまわる前の、店舗を借りるにはどうしたらいいか、賃貸契約のことも勉強しないといけない。新聞広告や専門誌で物件をさがすのがいいのか、あるいは不動産屋をめぐる方がベターか、分からないことばかりである。

そうなるともういけない。とめどもなくあせりが出てきて、浮き足立ち、早いとこ店をさがさないと展望が開けないと思い始め、追い立てられるように店さがしをするハメになってしまった。

浪人の期間は四ヶ月ないし六ヶ月と決めていて、開業は一一月か一二月を考えていたにも拘らず、八月頃には追い立てられるように店さがしを始めることになってしまった。しかし、よく考えてみると一二月開店の予定なのに八月に店をみつけても意味がないのだ。いい物件があっても契約しなければ待ってもらえないし、かといって契約すれば数ヶ月無駄な家賃を払い続けないといけない。

いくらいい物件でも、家賃を無駄に払い続ける余裕などある筈がない。それでも毎日さがしまわった。はじめの一週間で二〇件ぐらい当ってみたが、適当なものが皆無である。これであせりがでてきたのだ。

いうまでもなく、立ち喰いそば屋という商売は、典型的な立地業種、人通りの多い通りに面し、しかも一階が必須条件である。これでは物件が極めて限られるのが当然だが、そこが素人の浅はかさと甘さで、本気でさがせばすぐ見つかると思っていたのだからおめでたいことである。

地図を買って、新聞雑誌を片手に、都心はもちろん私鉄沿線まで範囲を広げてみたものの、適当な物件は更にない。たまに「これだ!!」と思うようなものはあっても、権利金だけで数千万円というもので、とても立ち喰いそば屋のような業種につぎ込む金額ではない。だいいち、当方にそんな資金などあるはずがない。

一週間十日が過ぎ、二週間足を棒にさがしても適当な物件がみつからない。計画の甘さを後悔しても始まらない。もう東京にはいい物件などないのではないか。立地が最優先される立ち喰いそば屋のこと、適当な物件がないからと妥協したら商売にならない。このままいい店がみつからずに、商売を始める前に挫折してしまうのではないかと暗たんたる気持ちになってしまった。

こうして、夏の盛りに汗を流しながらあちこちさがしまわって徒労に終わった日のみじめさと倍化するあせりは忘れられない。その頃、事業に失敗して同じく浪人中の年長の友人と落ち合って、好きな酒を飲みながら、情報交換していた。友人も次の仕事をさがしていたので境遇は似ている。

そんななかで、立地条件のきびしい業種から、さほど厳しくない商売にターゲットを拡げた方がいいのではないかということになっていった。それならば、客としてこの二〇年以上世話になってきた飲み屋がいいのではないかということになった。

飲み屋、居酒屋といっても、なにしろ立ち喰いそば屋からの転進だから、当然のことでごく大衆的なジャンルがいい。大衆的といえばやきとりしかないということで、立ち喰いそば屋からやきとり酒場への軌道修正となったわけである。

この転進はかなり乱暴で行き当たりばったりのように見えるが、結果的には正解だったと確信している。いずれにしても、サラリーマン時代毎日のようにお世話になったカウンターのこちら側から、向こう側にまわって好きな酒を売る、これこそ酒飲みが一度はやってみたい商売である。一旦そう決めてしまうと、なんだか飲み屋をやるためにサラリーマンを辞めたと思い込むようになるから不思議である。ご都合主義かもしれないが。

条件がゆるくなったものの、予算の範囲内での店舗さがしはそう簡単ではなく、一ヶ月ぐらいの無駄歩きのあと、新聞広告で現在の店をみつけたわけである。場所は西新橋のオフィス街で、一階七坪の小さな店である。保証金はかなり高いが、用意した自己資金と親戚からの借金、それに国の資金借入れなどと合わせればなんとかなるということで、賃貸契約をした。

店はきめたものの、居酒屋の「い」の字も、やきとりの「や」の字も知らないままである。客として居酒屋と長い付き合いがあるというだけである。無謀を地で行くようなものである。

6　修業、そして開店

賃貸の契約をすれば放っておくわけにはいかない。不動産屋に紹介してもらった個人の大工さんに依頼して店舗の造作を始めた。あわせて、居酒屋、とりわけやきとり屋の修業をすることになる。全くの素人からの立ち上がりだから、少なくても三ヶ月や四ヶ月の修業が必要である。

ところが、伝手《つて》をたよって修業先をみつけたのは、造作が完成する一ヶ月前である。この間に、やきとりの焼き方、仕込みなどを中心に全ての準備を完成させないといけない。持ち時間は限られ、退路は断たれている。もうここまで来れば、がむしゃらに前進するしかない。

いろいろ教えて頂いたところは、赤坂見附駅近くにあった（すでに廃業している）「鳥上」というやきとり専門店である。赤坂の一等地にあった「鳥上」は規模も大きく、経営そのものについては参考にならなかったが、仕込み、焼き、値付け、接客など必須なことだけでも吸収しようと必死である。

若い頃から包丁を持つのは好きな方だったので、仕込みについては割合短時間で要領を会得できた。問題は焼き方である。特に、火加減を中心として備長炭の扱いは難しい。あとで判ることだが、やきとりの場合、ネタが新鮮でありさえすれば、あとは焼き方ひとつで味が決まる。炭火の扱いと焼きは奥が深く、長い歴史の中でも得心のいく仕上がりはそう多くはないほどである。

店の特長を出せるタレとつくねについても心安く「鳥上」で教えてもらえた。修業中だったが早速自宅でタレを作り、それからは時間がありさえすれば、仕込みの訓練とタレのなれのため、自宅ガス台で、懸命にやきとりを焼いた。子供たちはめずらしがり、食べ盛りでもあったので喜んでたいらげ、おかげで少しは腕も上がり、タレもなじんで味に深みが加わってきた。

まる三週間という即席の修業はまたたく間に終わってしまう。午前中を中心に空いている時間に必要な什器類の調達を始めた。厨房什器の他は鍋釜食器類である。事前に購入する品目をリストアップしたものの、落としたものがあるとまた道具街の合羽橋へ直行である。

開店に先立ち、のれん、マッチ、チラシなどが必要だが、それらを作るのにはなにはともあれ屋号が必要だ。家族や友人とよりより相談し、さまざまな名案や迷案が集まったが、結局姓の一字の稲を「いな」として「いな鳥」と命名した。

やきとり屋の屋号はたいてい鳥の字が使われている。それもどういうわけか、上に鳥の字をつけて二字にまとめているのが大半である。その伝でいくと「鳥稲」ということになるのだが、音感と字面から「いな鳥」とした。人の名前と同じで使っているうちになじんでくるものである。

筆者のこれまでの半生で、わずかに誇れるのは、中学高校、大学、会社時代を通して、たくさんの友人を持ったことである。サラリーマン時代も単に社内だけでなく、取引先や業界など、幅広く友人知己に恵まれたことに感謝している。

開店に先だって、次のような挨拶文をこれら友人知己に送った。

拝啓　初冬の候ですが、お変わりなくお過ごしのことと思います。
サラリーマン生活に終止符をうってから、いつの間にか六ヶ月が経ってしまいました。
このたび、カウンターでのむだけでは能がないと悟り、向こう側に立つことにして、小さな酒場を開くことになりましたので、ご案内いたします。出ますものは主にやきとり、そのほか二、三点ですが、なんとか皆さんが気楽に過ごせる店にしたいと願っています。

是非ご愛顧下さいますようお願いします。

敬具

二〇年間のサラリーマン生活に決別したのが五月末、満四二歳、男の厄年である。丸六ヶ月後の一二月五日、西新橋のオフィス街の一角に小さなやきとり屋がオープンした。一五、六人で満席になる、妻と二人だけのパパママストアである。それも素人に毛が生えた程度のホッカホカのやきとり居酒屋の誕生である。

第二章

居酒屋オヤジの心得帖

二〇年勤めた会社を辞めて、全く方向違いのこの稼業に入って数年は、それはもう無我夢中の世界で、自分がいま何をやっているのかさえ分からないくらいのものであった。なにしろ、入ってきたお客に「いらっしゃいませ」、帰る客に「ありがとうございました」というごく当たり前の挨拶さえ、冷や汗かきかきのていたらくで、カウンターの方から見たら、オヤジ一体何をオロオロしているのか訝《いぶか》ったに違いない。

しかし、何の商売も習うより慣れろで、いつの間にかいっぱしのやきとり屋になっているのだから、世の中そうむつかしいことはないのだ。

商売を始める時は、たいてい理想を掲げて「店のコンセプト」などとむつかしいことをいって張り切るものだが、筆者の場合はそんな大仰なことは考えず、「いい雰囲気で安く飲める店」というごく平凡な心構えだけで開店している。

平凡なといったが、この「いい雰囲気で安く」という考え方は案外それなりに筋の通った考え方で、平凡なだけにこれの実現はそうたやすいことではない。

今でも開店当時とスタンスは変わらないが、長くやっていると、小さい店だけに、オヤジの考え方や姿勢が店の雰囲気に直接現れるわけで、常連の割合が増す程、提供するメニューの優劣よりも、むしろオヤジとの交流やお客同士の交流そのものが店の評価になりそうである。

ここでは、長い経験の中で得た経営のノウハウというか、小さな居酒屋オヤジの心得について列挙してみよう。必ずしも実践しているものだけでなく、べき論も含んでいる。

1　お客さんは平等に

自由、博愛、平等はフランス革命のスローガンだが、二〇〇年経った今でも、世界中の国々には不自由や不平等が厳然として存在している。

民主化が進んでいない大国の中国ではまだまだ自由は制限されており、民主主義の総本山を自認するアメリカでも、法は平等を保障しているものの、黒人への差別意識は消えていない。アパルトヘイト政策を大転換した南アフリカでの人種差別は、向こう百年はなくならないだろうといわれている。

人間、差別されるほどいやなことはない。ラーメン屋で、先に注文したのに隣のテーブルに先に出たり、五目そばにのっているタマゴが隣のヤツはきれいに半分に切られているのに、自分のを見るとグチャグチャになっているときなど、泣きたくなるくらいくやしいものだ。

その場合、お客にも店にも悪気があったわけではなく、単なるミスなのだが、受け取る方にとっては単純なミスでは片付けられない、なにかが残るものだ。そんな小さいことにこだわる客はいないだろうと、多くの読者は考えるだろうがさにあらず、カウンターの内側から見ていると、そのつもりがなく単純な思い違いでやったことも、差をつけられたと思うお客が意外に多いものだ。

例えば、メニューに「おまかせ」というやきとりの一皿物がある。普通は、はさみやき、つくね、砂肝、レバー、とり皮に野菜が一本つき計六本である。ある時、はさみやきが売り切れになったので代りに手羽先を焼いて一皿にしたところ、先に隣で「おまかせ」を食べているお客さんがそれを見て、ひどくうらやましそうな顔をするのだ。

なるほどメニューを見ると手羽先の方がはさみやきより少し高いし、手羽先はかなりかさばるので、同じ六本一皿でもあふれるようなボリューム感があるのだ。先に食べた人が、あるいは差別されていると思い込まれても仕方ないかもしれない。

とはいうものの、こちらとしては、、たまたま品切れになったための処置であって、文

句を言われても困るのだが、こんな場合は先手を打って、

「お客さんと少し内容が違いますが、ちょっと品切れがあったもので…」

と言い訳しておくことにしている。ことほど左様に、お客さんは、他の客に差をつけられるのを嫌うものだ。

むかしむかし、サラリーマン時代に労働組合の役員をやったことがある。労組などというものは、なにごとにつけ平等を旨としており、格差、それも正確な査定に基づく格差でも認めようとしないきらいがある。こうなると平等どころではなく、悪平等とか平等悪だと思ったことである。そしてサラリーマンの通弊として、賃金の低さに不満をいうより、隣の人より低いことが不満なのだ。つまり、給与の少ないのを憂うのではなく、等しからざるを憂えるというわけだ。

だから、店ではできるかぎり、どんなお客さんにでも平等に接するように心がけている。一〇年、二〇年と続いているお客さんと、今日はじめて来店した人と全く同じ姿勢で接するというわけにはいかないが、少なくとも、席に着いているお客さん全体が、等しく公平に扱われているという気分になってもらいたいと念じている。

そんな時に、古い友人などが入ってきて、いかにも親しそうに、

「オイ、イナコ！だれそれがしかじかで」などと大きな声で話しかけてきたりすると、たんにそんな雰囲気でなくなってしまうので気をつけてもらわないと困るのである。

また、親しい常連同士がさかんに気勢をあげて、店を席巻していると、一見《いちげん》のお客はもちろん、あまり親しくない人達は、「どうもこの店にはオレ達の居場所がないみたいだ」と思われたりするとコトである。だからそういうお客さんには、できるだけ声をかけてバランスを取るようにしている。

二人以上で来ている人達にはそれほど気を遣わないが、一人客には相当気を遣うことになる。その辺は心ある常連は心得ていて、ひとりで飲んでいるお客には、それとなく話しかけてくれたりするので助かっている。そのためもあってか、ひとりで来るお客さんは、店にとけ込むのが早いようだ。

二人以上のグループで来られる人達は、どうしてもグループ外の人達と話す機会が少ないので、周囲ととけ込むことが少ない。

このように、お客さんを平等に扱うようにしてはいるが、短時間で売上げを伸ばしてくれる人と、ダラダラと長居をして一向に飲み食いをせず、ひたすらタバコを吸い話しに興じている人を平等に扱うといっても、それは無理というもの。そう人間ができているわけではないので、どうしても顔色に出てしまうこともあるので、気をつけないといけない。

とはいえ、おとなしく静かに飲んでいる人がいる一方、ひとり偉そうな態度で威張るお客がいる場合、この二人を心の底から平等に扱えというのは酷というものである。

結局のところ、すべてのお客さんに平等に接するという心構えでいても、実際にはなかなかむつかしいというのが結論になろうか。

2 おいしくて安く

お気に入りの肴で、いい酒を飲《や》りながら、気の合った仲間と軽い会話を楽しむ。酒飲みの至福のときである。肴はおいしい、酒は一級品でしかも安いとなれば、そんな居酒屋が繁盛しないわけがない。

だから、居酒屋の経営なんて、そうむつかしいものではない。やる気になれば、誰にでもできそうだけれども、やはりそこはそこ、そう簡単なものではないのだ。

サラリーマンだった二〇年間、酒好きのご他聞にもれず、飲み屋にはよく通ったほうである。安サラリーマンの悲しさ、行き先は決まって大衆酒場だった。会社は銀座にあったのだが、天下の銀座でも、さがせば安い店はあるもので、会社近くの安酒場など、いつもギューギュー詰めの盛況だった。

今の商売を始めてから、一度だけそんな店のひとつ「升本」に行ったことがあるが、店員が皆憶えていてくれて、

「稲子さん、飲み屋始めたんだってネ」

などと言って、その後のことなどを語り合ったことである。

この店の特徴はまず安いことである。肴は定番のものに日替わりを配していたが、今、思い出せるのは鮪の粗煮ぐらいのものだ。あまりうまいと思ったことはないが、とにかく安いのがウリの店だ。

時には少しランクを上げて、小料理屋風のところをのぞくのだが、こちらの方はどうしても肴の値段に気をとられて、あまり酒が進まなかったように思う。それぞれ凝った料理をすすめられるのだが、高い値段だけの味が楽しめたかどうか疑問だ。

そんな経験から、ひとつのポリシーとして、まずサラリーマンが自分の財布で安心し

て飲める店造りである。そのために、器や盛り付けにあまり頓着しない実質だけの肴で、値段を極力抑えるというのを店のコンセプトにしたのだ。

例えば、ビールや日本酒にしてもメーカーの直営店より一割安い価格設定にしているし、近隣の店に比べても安い方だと自負している。

しかし二〇年以上続いた中で三度ほど値上げをしている。これは主として酒税変更に伴なうコスト高を反映したもので、当方に益することは少ない。中にはウィスキーのように、税率が下がったものについては、店の売値を下げたものもある。

やきとり酒場としてスタートし、看板にも暖簾にもやきとりの言葉を冠しているので、今でも肴のメインはやきとりである。このやきとりも二度値上げしているが、開業以来一度も値上げしないものがふたつある。いつか店を閉める時が来るだろうが、その時まで頑張って、自慢の種にしようと密かに考えているところである。

やきとりの材料の鶏肉は、主に築地の鳥肉専門店が仕入先で、備長炭で焼くので、味についてはある程度自信を持っている。常連の人達はめったにやきとりは食べないが、新客などが時々、

「このやきとりはなかなかうまい」

と言ってくれるのが励みになっている。とはいえ、炭火を常にいい状態に保つのがなかなかむつかしく、焼き方にはかなり神経を使う毎日である。

前述のように、毎日のように来店する常連の人達は、やきとりにはウンザリしている人が多く、思い出したようにしか注文しない。やきとりの他に、鮪納豆、冷奴、大根おろしなどのレギュラーメニューはあるのだが、これもそう数が多くないので食傷気味となるので、毎日日替わりのメニューを三点用意して、食傷メニューを補うことにしている。

大半の常連は、店に入ると挨拶もそこそこに、まず日替わりメニューのボードを眺めてから席に着くことになる。その表情は人によって悲喜交々である。つまり、自分の好みのものが日替わりメニューに並んでいるとホクホク顔で、どれから注文してやろうかと楽しそうである。逆にあまり好きなものがない人は、「仕方ないなー」とばかり虚ろな目でレギュラーメニューのほうを見ることになる。

この日替わりメニューは、できるかぎり季節のものを主体にしている。季節のものとなれば当然のことながら、魚介類と野菜ということになる。特に野菜は山菜を含めると種類が多く、毎日目を凝らして築地の八百屋を探すことになる。まずは値段が大切で、一品が三〇〇円から四〇〇円ぐらいで売れるものをさがすのだから、これはこれでけっこう苦労するところである。

山菜などはハシリのものは高いので、値が下がるサカリを待つうちに旬が終わってしまい、結局出さずじまいということもあった。

季節のもの、めずらしいものを見つけてきて、お客さんに喜ばれるのはうれしいもので、こんなときなどは、仕入先で仕込んだ情報や、ものの本などで得た知識を得意になって提供することになる。

この日替わりメニューについては、一定の枠の値段におさまるものをさがすゲーム性と、料理したものが売れるかどうか分からないというギャンブル性があって楽しい。

こうして、安くておいしいものを提供しようと努力するわけだが、これはお客さんが大勢来てくれて、予定しただけのものが売れて初めて可能になるものだ。

これからも、おいしくて安いをモットーにしていきたいが、生産性を高めることのできない商売のこと、いつまで続けられることだろう。

3 居心地のよい雰囲気

いろいろな人びとが居酒屋にやってくるのは、単に酒を飲むだけのためではない。仕事から解放され、非仕事時間帯への助走のためであり、ストレスからの解放のためである。

単に酔うための酒であれば、家庭へ帰ってからやればずうっと安上がりだし、帰りの時間や足の心配もしないので飲めもしよう。しかし、そこには女房殿というこわい存在もあるし、日常的なものにすっぽり埋まった時間しかない。

そこで多くの企業戦士たちは、非日常的で非仕事的なものを求めて居酒屋へやってくることになる。だから、居酒屋のオヤジとしては、非日常的で非仕事的な雰囲気造りを心掛けねばならない。

そのためにどうすればよいかとなると、はっきり何をどうすればという答はないが、基本的には、安心して飲める場を提供するということになろうか。安心してとは、まず値段がリーズナブルであり、おだやかな音量でおだやかな明るさの中で、周囲に気兼ねなく酒や会話を楽しめることである。

何度も言うようだが、居酒屋に入るお客さんは、単に酒だけが目的で、ひとり黙々と酒をすすり肴をたいらげるという人は少ない。酒をやりながら会話を楽しむ人が大半である。数人で来た人達はそのグループで、一人のお客は知った顔をみつけて常連同士で、それぞれ軽い会話を肴に飲む酒こそ上の部だ。

一人客の場合、カウンターの中から見て必要と思われる場合は、こちらから声をかけて手持ち無沙汰をいやすことになる。オヤジとしては、さまざまな年令や経歴をもったお客さんに対応することになるので、かなり広い見聞と知識が必要になる。数人での会話をしている人達でも時々オヤジの意見を求められることがある。酒席の話題だから、シリアスな問題はないが、それにも即応しなければならないので、オヤジ稼業もこれでぼんやりしていては務まらない。

もっとも、意見を求められたことが手に負えないときは、

「そんなむつかしいこと、居酒屋オヤジ風情に分かるわけがない」

と逃げてしまう手があるので、そう恐れることはない。

酒が入るとだれでも開放的になる。心が開いてくるとまず声が大きくなり、会話や議

論も派手になり、少しずつエキサイトしてくる。酔いを楽しみ、会話を楽しみ、興奮そのものをエンジョイしているのだから大いに結構なことなのだが、これがどこまでもエスカレートしてくると、席全体の雰囲気がおかしくなってしまう。

酒量に限らず、何ごとも〝程のよさ〟が大切。酒量が過ぎ声高になり、少々きたない言葉が行き交うようになると、やむを得ずブレーキをかけたり、たしなめたりすることになる。そこまで行かなくても、カウンターの中で渋面をつくるので、気がついた人が、

「オヤジがいやな顔をしている……」

とオヤジの機嫌を察知して、少しずつ静かになる場合が多い。皆さんが他のお客さんのことを考えていてくれるのでありがたい。

店には、一五年とか二〇年以上も続いている常連がたくさんいる。この人達は、店の雰囲気を皆体得しているので、店の空気がおかしくなりかけると、すぐ建て直しに出動してくれるので助かる。

店の雰囲気にそぐわない酔客や傍若無人なグループがいたりすると、何人もの常連がそれぞれに厳しい目を向けるので、自分達のやっていることに気がつき、いつの間にか静かになって、落ち着いた店に戻ってくる。

また、常連とはありがたいもので、一人で入ってきて、所在なげに独り酒をやっているのを見たりすると、それとなく話しかけて、店全体の雰囲気の中に引き入れてくれる。ことほど左様で、常連の皆さんは、ここは自分達の店、自分達の居場所と思っているので、自らの店の雰囲気造りに心を砕いてくれているのだ。ありがたいことである。

こんな風だから、入ってきたお客さんも、何回か来るうちに店の様子が分かり、店に合わないと思う人はそれ切りになるし、自分の感じに合った店だと思う人はまたやってくるということになる。こうして、いつの間にかその店独特の特長と雰囲気というものができあがるわけだ。

こう書いてくると、多くの読者は、ひどく堅苦しい店だと思われるかもしれないが、決してそんなことはないのであって、実はどこにでも転がっているありふれた大衆的な一杯飲み屋なのだ。

ありふれた居酒屋ではあるが、常連さんを大事にし、一見《いちげん》のお客さんにもできるだけ早くなじんでもらえるような店づくりをしていきたいと念じている。

居心地のよい店、心を安んじて酒が楽しめる雰囲気はオヤジひとりで造り出せるものではなく、お客さん同士が大きくかかわるものだと思っている。オヤジの出番があるとすれば、時に応じて店の雰囲気を変えるためのきっかけをつくるくらいのものだと考えている。

4 AIDASの店則――終わりよければ

「いらっしゃいませ」は、お客さんがご入来した際の挨拶言葉である。私は単に「いらっしゃい」で終わる場合が多い。

「いらっしゃいませ」にしろ「いらっしゃい」にしろ、その日のお客さんとの関係はこの挨拶から始まる。そして、「お飲み物は?」「焼き物は何にしましょう?」という段取りになるわけで、この「いらっしゃい」がないと何も始まらない。これは常連のお客さんでも一見さんの人でも変らない。

あとはそれこそ安くておいしい酒を、いい雰囲気で飲んでもらうことに専念すればよいわけだ。とはいうものの、ひとりでさみしくやっているお客さんには、ちょっと声をかけてあげたり、話しかけてくるお客さんには適宜返事を返すと、情況に対応することになるわけである。

さて今夜も、適量をやって、いい気持ちになったところでお帰りになるのだが、こんな時、勘定の計算にやけに手間取ったり、「お勘定」と言ったのに無視されたり、隣の人にいやみを言われたりするとどうだろうか。せっかく続いた愉しい時間が一挙に不愉快なものになってしまう。

これでは台無しである。今夜はうまい酒が飲めた。肴も口に合ったものでまずまずだ。それに、なによりも楽しい会話があって満足だと思っていたものが霧消してしまう。

ずいぶん昔のサラリーマン駆け出しの時代、会社の新人研修で、販売の要諦の講義を受けた。たしか、アイーダ（ＡＩＤＡ）の原則と言ったと思うが、アイーダは、

Ａ　ＡＴＴＥＮＳＩＯＮ
Ｉ　ＩＮＴＥＲＥＳＴ
Ｄ　ＤＥＭＡＮＤ
Ａ　ＡＣＴＩＯＮ

ということで、注意、興味、欲求、行動の順でお客の心は進行するものだから、セールスマンはそれに沿ってお手伝いをすればよいというものである。

この原則はどう見てもアメリカからやってきたものだろうが、これにだれかが手を加えて、ＡＩＤＡＳの原則として教わったように憶えている。

ＡＩＤＡにＳを加えたものだが、このＳは満足（SATISFACTION）の意味で、物を買った人を、買ったこと自体に満足させなければならないというものだ。そのためには、「あなたは、良い商品をリーズナブルな値段で買いました」と安心させることが大切というわけで、それによって、お客さんは初めて満足するというのだ。

このことは何商売にも言えることで、居酒屋稼業も例外ではない。お客さんが店にいる間の満足を考えるのは当然だが、飲み終わって店を出てからもこの満足感が続いてもらいたいと念じて、お客さんを送り出すことにしている。

そのために、お客を送り出す挨拶「どうもありがとうございました」と誠意をこめて言うようにしている。できれば顔を見て言うし、できなくても背中に目礼して送り出すようにしている。

できることなら、お客さんが外に出て、見えなくなるまで目で送りたいものだと思っている。

5　脇役に徹する

人間にはさまざまな性格、タイプがあるもので、非常に自己顕示欲の強い人がいるかと思うと、人前に出るのがからきし苦手という人もいる。外向的と内向的と分けることもできる。また、常にトップに立つ器の人と、女房役、番頭役を得意とする人もいる。

筆者自身はどうかと分析してみると、参謀型で番頭に向いているタイプだと自認している。ところが、こうした分類でくくれる程人間は単純ではなく、何人かで街や山野を歩くとき、番頭役こそ自分の生き方と思っているのに、どういう訳か、私は必ず先頭を歩くことになるのだ。このアンバランスをどう考えたらよいか。

さらに、かなり前のことだが、処女出版した本が予想以上に売れ、テレビにラジオ、雑誌に新聞とかなりもてはやされたことがあるが、最初のうちこそ次々にくる取材が面倒なことと思っていたのに、だんだんその気になって、インタビューの申し込みが途絶えた時など、ひどく寂しくなったものだ。つまり、内向的なところだけでなく、かなり自己顕示欲も強いのではないかと思ったものだ。

居酒屋のオヤジはどんな性格が向いているかは即断できない。内向的で暗い性格では駄目だと思うが、それの方が落ち着けるからと、意外にそんな雰囲気の店を好む人もいるかもしれないのだ。

一般的には、陽気で景気のいい物言いがよいと思うが、店中オヤジの声が響き亘り、お客さんが小さくなっているようでも困る。

何事も「過ぎたるは及ばざるごとし」、ほどの良さを最上とする。特にお客商売なのだから、お客さんが主役、オヤジはあくまでも裏方である。もっともあまり裏方に徹すると、店の雰囲気を醸し出すのに差し障るから、脇役つまりバイプレーヤーといったところがよいのではないか。

むかしから、いい芝居やいい映画は主役もさることながら、その主役をとりまく脇役陣によって決まると言われている。

主役はあくまでもお客さんだから、脇役であるオヤジはどこまでも控え目でなければならない。張り切り過ぎて、間違っても主役を喰ってしまうようなことがあってはいけない。控え目な演技こそ脇役の身上である。

脇役は必要以上にしゃべってはいけない。必要最小限の発言にとどめるように心しなければならない。一方、必要なときはタイムリーに、ピシリと決めるような言葉を発しなければいけない。時には無言を続ける寝技も必要となる。

とはいうものの、控え目ではあるが自分の方から話しかけるケースもある。ひとり客が所在なげにしているときだ。中にはひとり黙々と飲むタイプもいるが、ひとりで酒を飲みにくる人はたいていさみしがり屋だから、ちょっとしたきっかけを作って話しかけると、案外話がはずむことがある。話しかけられるのを待っていたのだ。

この他、目の前で話がはずんでいた二人がふと黙り込み、間があき過ぎて、少し不自然な雰囲気になりそうな時など、罪のない話題を振ってあげたりするのもオヤジの役目かもしれない。

ある時、上司と部下とおぼしき二人連れがご入来、暫くは仕事の話で会話が続いていたが、途中でばったり話が途絶え、二人共おし黙り少々白けた空気が漂いはじめたので、二人に「おたくはどんな分野の会社ですか?」と話を向けると、それがきっかけで話が再び盛り上がりホッとしたことがある。

店は五時オープンだが、お客さんが出揃うのは六時過ぎた頃だ。ひと通り酒と肴を供し終わるのは七時頃になる。

一段落したところで、仕事中にも拘らず、お客さんにかくれて酒をチビチビやり始める。かくれてやってはいるが知る人ぞ知るで、大半の常連客は「またやってらー」とあきれ顔で見るのが常だ。チビチビでも飲むうちに少しは陽気になり、声も少しは高くなる。お客さんの話題に割って入り、対等になったような態度で話し込むことがしばしばである。

こんな時は、脇で働いている妻から「しゃべり過ぎですよ」と注意される。どこが脇役だ！自戒しないといけない。

6　深酒から守ってやる――「アト半分！」

何事も「過ぎたるは及ばざる如し」で、酒などもほどほどがよい。もっともそうはいうものの、そのほどほどがなかなか守れないのが酒飲みの常である。

会社で面白くないことがあったから一杯やって忘れようとか、心楽しいことがあったので、酒で楽しさを確認し倍化しようとか、それぞれはっきりしたきっかけがあってご入来のお客さんは、どうしても少し飲み過ぎる傾向があるようだ。

適量を超えて深酒になると、悪酔につながることになってしまう。宿酔《ふつかよい》で悔恨の朝を迎えることになる。ああしてこうすりゃこうなると知りつつ、性懲りもなくまたぞろ深酒になってしまうという、どうも呑平衛は意志が弱いようである。

そこで、ついつい飲み過ぎになってしまうお客さんを、悪酔や宿酔から守ってやるのも居酒屋亭主の役目だと心得て、お客さんの飲み方酔い方を注意深く観察することになる。

飲み過ぎといっても、個々に適量が違うし、その日の体調や飲み方のピッチによっても変わるから、単に定量的に考えても意味はない。そのためには、常にお客さんの酒の進み方と酔い方を見ていて、飲み過ぎと思われる場合は、

「そろそろ、そんなところじゃないですか」

と注意して、この調子だとこれ以上飲ませてもらえないと思わせることが第一段階である。

人によって酒量が違うので一概には言えないが、日本酒で言えば大体三杯ぐらいが第一段階の目安になるのではないか。店で扱っている日本酒は伏見の純米吟醸酒の「玉の

光」と「菊正宗」で両方共緒口は使わず、湯呑み風の茶碗を使っている。「菊正宗」は市販の湯呑みを使うのでほぼ一八〇ミリリットル入る。

一方、「玉の光」の方は蔵元支給の器（枡とセット）でこれは約七勺（一三〇ミリリットル）なので、四杯飲んでも「菊正宗」の三杯分ぐらいになろうか。だから「玉の光」の方はひとつの目安が四杯となる。「玉の光」は純米吟醸なので、若干飲み過ぎても二日酔いになることは殆どない。今のところ「玉の光」と「菊正宗」との店の売上比は七対三ぐらいだ。

いずれにしても、三杯四杯と進んだ段階で、

「これでもう終わりですヨ！」

と少し強く宣言しておく。つまり、サッカーで言えば警告を表すイエローカード、柔道で言えば教育的指導といった段階か。お客さんの方もこれで、

「オヤジがああ言ってるんだから、今日のところはこの辺にしておくか……」

と思うはずである。

そう思って、たいていのお客さんはそこで杯を置くという段取りになるはずだが、中には酒の勢いで「自分の金で飲んでいるのに、なんでオヤジからそんなことを言われる

んだ、面白くもない！」と少々むかッ腹になる人もいる。

「そんなこと言わないでサ、今日はもう少し飲みたいんだから」

　顔をのぞきこむなどかなり真剣である。酒を飲むのに真剣もないだろうが、なにか必死の表情が見てとれる。こんなときは仕方がないので
「じゃあと半分！」

ときっぱり言って注ぐことになるのだが、たいていのお客さんは、この「半分」を一度やってみたいと考えているようである。

　常連客の間ではこの「半分」が行き亘っているのだが、半分を注ぐ時、近くの常連が異常に真剣な目でのぞき込むのが常である。

「多過ぎる、多過ぎる。クセになるからその辺にしておいた方がいい」

「オレの時よりかなり多いナ」

「マスターの勝手でそんなに差をつけられたらかなわないナ」

「半分がそんなに多いなら、これから一杯目から半分にしようか」

などなどかまびすしいこと。みな「半分」をダシに酒の雰囲気を楽しんでいるのだ。

7　お客さまは神様か

「お客さまは神様です」と言ってしまえば、それでこの頃は終わってしまうが、「お客さまは神様か」となると議論しなければならなくなる。

ほんとうにそう思っていたかどうか知らないが、「お客様は神様です」と人前で大仰に言い切る高名な歌手がいたが、私にはとてもそんなことを公言することはできない。第一、毎日何人も来店するお客さんが皆神様だと、こちらが疲れてしまう。なにしろ神様との付き合い方には素人だから。それに神様にはさい銭がつきものだから出費も大変で破産してしまう。

疲れるのもいやだし、破産するのはなおいやだから、お客さんを神様だと思うのは願い下げにしている。

サラリーマンとして二〇年間勤めた会社は、事務機器の販売会社である。計算機や印刷機など目に見えてその効用がよく分かる商品を売る商売である。この会社では、お客さんは神様どころか、売り方と買い方は本来対等であるというように教育していた。

売り方は適正なマージンをのせてその商品の機能効用を買い方に提供し、買い方はそれに見合う金額を支払うのだから対等だというのだ。この場合「適正なマージン」というのがミソだが、これはこれでひとつの考え方ではある。

この会社、えらそうなことを言ってやってきたのだが、競争があまりない時代は良かったものの、市場が大きくなり、参入者が増え、競争が激化すると、殿様のようなことばかり言っているわけにはいかず、いやおうなしに、なりふり構わない商売に巻き込まれてしまった。現在では業態を変え当時のことを知る人は僅かになっている。

競争の激しい世の中では、売買は対等だと言ってもなかなか通らないかもしれないが、基本的な考え方は間違っていないと思う。つまり、必要があって買うのであり、その金額に見合ったものを提供するかぎり対等であり、そこには上下関係はないわけだ。

この考え方は、自分の扱っている商品に自信を持つこと、誇りを持って販売活動ができることなどの効用がある。

ひるがえって店での商売のことを考えてみるとどうだろうか。お客さまが神さまだとは思わないが、かといって、当方とお客さんが対等などとは、とてもとても思えるものではない。アンタッチャブルなお客さまと、対等な人間関係との中間ぐらいか。

なにしろ、赤提灯に灯を点け、暖簾を出し「商い中」の札を下げても、お客さんに入ってもらえない限り、当方は日干しになること必定である。考えてみればこれほど不安定な弱い商売はない。なにしろこちらから撃って出ることができないのだ。来るか来ないか分からない、気まぐれなお客さんをひたすら待つしかない商売なのだ。

どんな風のふきまわしか、幸いにもお客が入ってくれても、飲みかつ食べてもらわないかぎりお金を頂けない。店では押し売りを厳に戒めているが、タバコとおじゃべりだけで一向に売り上げがあがらないお客さんにはイライラしてしまう。だからといって、必要以上にへりくだってお客さんの歓心を購うつもりはないし、そんな姿勢に終始すればお客さんの支持を失うだろう。少なくとも売る商品に自信をもち、適正な値段であれば、へりくだっている必要はないはずだ。

ましてや、へつらいやおべんちゃらは必要ないと常々思っている。もちろん、いつも仏頂面をしている必要は更になく、人間関係をスムーズにするための心からの挨拶や、適度のほめ言葉やお愛想は必要だ。

要は、そこにある人間関係をよりよくするというスタンスさえあれば、ごく自然体で付き合えるわけで、尊大になったり卑屈になったりすることはないのだ。

多くの常連の皆さんの気心はよく判っているし、お客さんと亭主というより、むしろ友達同士という感覚で接している。ために、時々少々なれ過ぎてしまい、妻にたしなめられる仕儀となる。

お客さんの年齢や社会的地位などで若干接し方は違ってくるが、言葉遣いも、あまりていねい過ぎるのは雰囲気に合わないので、若干ぞんざいな言葉を使っている。その方が親しみ易いと思うからだ。

神さまは絶対者だけれども、お客さんは神様ではないので、時には当方とのトラブルが起こることもある。そんな時も、卑下することなく、主張すべきは主張し、説得するという自然体でいれば自ずから解決するものだ。

結局、お客さんは神さまと対等者の間の、やや対等寄りの中間者であるというのを、本稿の結論としておこう。

8 お客さんの名前を覚える

少々堅苦しい言いまわしをすると、すべての人間関係は相手を認識することから始まる。くだけて言えば、顔を憶え名前を知ることである。

長い間商売をしているので、この間に会ったお客さんの数は膨大なものになる。多くは名前も知らずのままの人達だが、一度でも名前を覚えたことのあるお客さんの数だけで数百人になるのではないか。

その中から長い付き合いの常連の多くの人達が現在も続いている。しかし一方では、顔も名前もよく知りながら、定年で去っていった人、志を立てて転職した人、転勤や事務所の移転でいつの間にか忘れてしまった人もかなりの数になる。

人間関係のスタートは顔と名前を憶えることであることは最初に書いた通りだが、なにしろ頭脳の装置が古くなっている上、記憶のファイルにあまり余裕がないし、トシで物忘れもはげしくなっているのだが、新しいお客さんの名前を憶えることの努力は続けているところだ。

一杯飲み屋だしツケは一切していないので、新入りのお客さんの名前を知るのはなかなかむつかしい。ひとつには数人で来店した人達の会話の中から知ることができる。時にはお客さんの方から名刺を出して名乗る場合もあるが、この手のお客さんは、当方としては特に知ろうとも思わないケースが多い。

ところが、二度三度と来店して、店が気に入ったと思うような人は、自分の方からそれとなく教えてくれることが多い。

「きょう、会社で、Aさん元気がないネと言われてしまってね」と話かけてきたりする。つまり、私の名前Aですと教えてくれているのだ。

せっかく名前を教えてくれても、店の雰囲気に合いそうもなく、あまり来てもらいたくないと思うような人の場合は別にして、そういうシグナルが出た時には名前と顔をしっかり憶えてしまうわけだ。その方法としては、何気ない風をして伝票に名前を書き入れることにしている。このことは妻も心得ていて、今でも続けている。伝票はすぐ捨てるものなので、計算したあと別のメモに転記しておくわけだ。

そして次に来店した時には、さりげなく名前を呼ぶことになる。名前を憶えられ、名前を呼ばれたことで不愉快になる人は少ない。たいていの場合は、いつの間にか名前を憶えてくれていたことに驚き満足してくれる。

　あとは一度憶えた名前を忘れない工夫だが、これがなかなか厄介である。日時が経ち、久しぶりのご入来の時などにかぎって、古いメモを捨ててしまっていて、思い出せない。すぐ妻に目配せして、憶えているかどうかを確かめる。全体的に私より妻のほうがお客さんの名前をよく憶えているのだが、その妻も思い出せないで顔を左右する。こんな時など、便秘をしているようでなんとも切ないものだ。

　しかし、こんな場合でも、以前交した会話の中から、その方の会社がどんな業界だったか、住まいの土地のこと、好きな趣味のことなどを話しているうちに、思い出したりもするもので、こんなときは大急ぎで名前を呼ぶことで確認している。

　ビジネスマンにとっては当然のことだが、居酒屋のオヤジにとっても、お客さんの情報をできるだけ多く持つことが大切だと心得ている。その会社での役職のことなども知っておきたい。更に、家族関係や趣味のことなども知っておくと便利だ。特に、出身地についての情報は必要不可欠だ。

　現在、常連と準常連達の四、五〇人ぐらいについてはその出身地を記憶している。筆者自身、サラリーマン時代、比較的地方への出張が多い方だった上、国内各地の情報をできるだけ多く知るように努力しているので、たいていの地方についての話題に参加することができると自負している。

居酒屋の話題で最も無難なものは料理についてだろう。お国自慢も交えた田舎料理談義など、罪のない格好の話題となる。自分の田舎の料理を話題にしていやがる人はまずいない。偉大な田舎人集落である東京にあっては、出身地の料理のことを想い出して、しばし望郷の念にひたることになるのだ。

こうした話題が出ると、隣からも話に参加する人が出てきて、お客さん同士の交流の場になるわけで、知らない人同士がお国自慢をする中から、新しい人間関係が芽生えてくる。

「このかたは九州は熊本の産でしてネ」

「この人は北海道は網走の出身です」

と紹介すると、そこには自然と軽快な会話が生まれるという寸法である。

お客さんと店との人間関係にとっても、お客さん同士の人間関係をスムーズなものに保つためにも、お客さんの性格や酒品について知っておくことは大切だ。性格や酒品なり酒癖を知っておれば、見ていて抑えるところは抑え、盛り上げるところは更に助長するというふうにやりとりができるので安心だ。

そんなことを心配しなくても、気の合ったお客さん同士がグループを作り、写真やらハイキングを楽しみ、ダイビングや魚釣りに興じている。

安心して、ゆったりした気持ちで酒を楽しんでもらうためには、店にかかわる人達全体の人間関係を良好に保つことが大切なので、そのための不断の努力が必要だと思っているところだ。居心地の良い酒の席こそ、多くの酒好きの希望なのだから。

9　居酒屋は情報交換の場

地方の時代だという。地方分権が政治のひとつのテーマになっている。一極集中は排除しなければならないという。

しかし、まだ言葉が先行しているだけで、一極集中が改まる気配はあまり見えない。むしろ都市部への集中が進んでいるようにさえ見える。

これは単にわが国だけでなく、アジアの諸国でもこの傾向があるようだ。その原因はいろいろあろうが、都市に行けばさまざまなチャンスがあるという幻想と、情報が大都市に集中していることが挙げられよう。中でも情報の集中こそ一極集中の根本的な要因と言えるのではないか。

一極集中は排除しなければならないが、一方では裏腹に、だれでも集中した情報の中に身を置きたいという願望がある。できれば情報の発信元でありたいとも思う。

話が少々大仰になってしまったが、こんなことを書いたのは、小さな小さな店ではあるが、お客さんにとって小さなことでもよいから、何か新しいものを発見できる店になりたいと念じているからである。

お客さんの大半はサラリーマンで、その業種は多岐にわたっている。銀行あり出版社あり、ゼネコンや設計コンサルタント、石油元売や商社などである。

これら異業種の人達が集まれば、自ずから全く別のジャンルの情報が得られるチャンスがあるのであって、注意深くしていれば千金の価値ある情報が転がっているかもしれない。

そういう中での居酒屋のオヤジの役まわりは、異業種間のお客さん同士の仲をとりもつことであり、スムーズな会話を保証することであると心得ている。

その意味では、毎日同じ会社の人と一緒というグループでは右のような発見はなかなかできない。もちろん、会社の延長としての酒の席も捨て難いものがあり、オフィシャルな席ではできない本音の意見交換を酒の席でやるという手法も、世の中まままあることだ。

しかし、毎日同じようなメンバーでやってきて、上司の悪口や会社への不満を言い合うだけでなく、時には違う会社の人達と交流してみると、意外な発見や新鮮な情報を手にすることができるかもしれない。

筆者が積極的に別の会社の人達を紹介するまでもなく、いつの間にかお互いが会社を知り名前も憶えるようになっていて、ある時の満席の全員が、お互いに知り合いであることがしばしばである。特に努力しなくても不断に情報が行き交っているわけだ。

筆者自身も、さまざまな面で情報の発信元でありたいと考え、新聞雑誌や読書で新しい情報を仕入れるようにしている。それらの情報の発信の方法として、本を出版したり、雑誌や新聞に雑文を書いたり、新聞雑誌の川柳や投書欄などに投書したりしている。お客さんにすれば、ふだん飲んでいる居酒屋のオヤジの書いたものというので、親しみをもって読んでくれる。

お客さんへの情報提供で一番心掛けているのは、酒や肴についてのそれで、もう少し広い意味で言えば食べ物についての情報である。それらの情報収集も仕事のひとつだと心得ている。

中でも野菜と魚介類については、殆ど毎日築地の市場に出向くので、どこよりも早く生の情報が得られるわけで、日々変わる新しいもの、旬のものの入荷を目の当たりにして、早速それを夜のカウンターで披露することになる。これは必ずしもメニューとして出すことではなく、もうこんなものが入荷しているとか、季節はじめでこんなものを見たとかの情報を提供するのだ。新聞やテレビなどより早いこともあるのは、やはり足で稼いだ賜物だろう。

ハシリのものなど、大衆的な居酒屋で出すには高過ぎるので、たいていは旬が来て安くなって初めてメニューに登場することになるのだが、とりあえずニュースとして提供しておくのもサービスだと思っている。そして、旬の新しい素材についての食べ方なども研究しておいて、話題的に提供しておくこともお客さんに喜んでもらえるひとつである。

魚介類や野菜に旬がなくなったと言われて久しい。養殖や促成栽培などで、季節感が欠落してきている。しかし、注意深く見ていれば魚の旬は厳然としてあるし、野菜にしても露地物には季節感たっぷりのものも多いので、これらの情報も旬の感覚がなくなっている現代人には知ってもらいたいものの一つだと思っている。そのためにも築地でのウォッチングは続けたいと考えている。

特に春になると、私自身が山野へ出かけて、田ぜりやふき、かんぞうや野びるなどを採ってきてメニューにのせることにしている。これこそ季節感満載のメニューであり、喜んでくれるお客さんを見るのは楽しい。最近は野生のクレソンやからし菜の自生地をみつけて、山菜料理のレパートリーを拡げている。

これからも、さまざまな情報を仕入れて、いろいろなジャンルのお客さんの話に加わるように努力して、小さくてもいいから、常に新しい情報の発信基地でありたいと願っている。

10 到来物は皆さんに分配

「秋刀魚は目黒にかぎる」は落語ネタだが、「毛ガニは小諸にかぎる」と言ったら一体なんだと思いますか。

ある時、さる大手の商社に勤めるホリベさんがご入来。大きな毛ガニを一ぱい持っている。もちろん生きている。

「これみんなで食べようよ」

手のひら大のカニは茹でたことはあるが、こんな大きなものは初めてである。しかし折角の申し出である。聞けば、何かワケありで、自宅に持って帰れない代物のようなのだ。

カニを茹でる時間は十五分というのを憶えていたので、大きな鍋でその通りやったところ、これが大正解。うまいのなんのって、今までこんな旨いカニを食したことがないくらいである。

来店が少し遅い時間だったので、店の中は五、六人の常連だけ。早速皆さんで分けて賞味した次第。うまいうまいを連発していたが、当たり前である。上等な毛ガニの茹でたてで、しかもただなのだから、いくらほめてもほめ過ぎないというもの。このホリベさん、家族を小諸に置いての単身生活の身。「毛ガニは小諸にかぎる」はここに由来する。

こんな大物の到来物はそう多くないが、お盆や年末年始の帰省から帰ってきたお客さんには、いろいろな地方のさまざまな特産品や珍味を頂く。

開店以来の常連であるタカハシさんは、本人が仙台の出身で奥さんが秋田の出ということで、帰省のたびに宮城と秋田のお土産を沢山頂く。めずらしい漬物や、仙台名物の笹かまなどだが、常連にすぐ分けられるるように、小分けしたものを持ってきてくれる気の使いようである。

カウンターがいつも常連に占拠されているわけではない。タカハシさんを知らない人がいることがある。常連には、

「タカハシさんのお土産です」

と分け、知らない人には、

「あちらの方のお土産です」

と紹介して食べて頂く。これがきっかけで、時ならぬお国自慢大会となることである。

ある年の夏、このタカハシさん、仙台の義兄が開発したというホヤの塩茹でを大量に持ってきてくれたので早速皆で賞味したのだが、とても捌ききれない。そこで冷凍して何回かに分けて商売に使わせてもらったこともある。

いくら大量にもらっても、これをお客さんに腹一杯食べてもらうと、店のものが売れなくなり商売に差し障りがあるので、分配するのは少量となる。この辺のことはお客さんも理解してもらわねば困る。

ざざ虫、蜂の子、いなご、さなぎなどの甘露煮は信州の代表的なお土産品だ。南信は駒ヶ根市出身のタケムラさんがこのお土産をよく持ってきてくれる。蜂の子その他は食べたことがあるし、なんとかなるが、ざざ虫はいけない。ざざ虫という名前もいけないが、その姿を見るととても箸を出す気になれない。。お客さんの反応は七分三分で敬遠する人の方が多いようだ。

常連客が地方出張の際買ってきてくれる土産物もある。北海道のかに味噌や九州のうるか、富山の黒造りなど有名なものも多い。海外では航空会社の人が台湾のからずみを何度も持ってきてくれた。なかでも、おみやげ物好きのイワサキさんは、出張の都度いろいろな物を持ってきてくれるので、居ながらにして全国の珍味を賞味することができる。

このように居ながらにして日本国中はもとより、世界の珍味を楽しめるのは商売をしている余禄としてありがたいことである。

到来物と言えば、お土産ではないが、春になるとカナザワさんから、いつも大量ののびると筍を頂く。のびるは住まいの近くの江戸川辺りで採る由で大型の上等品で、その量たるや半端な八百屋では売り場に置けない程の大量である。パワーショベルで堤を掘り返しているのではないかと思える程だ。この他、季節になると、知り合いがいるそうで、関東有数の筍の産地である千葉県の大多喜から、これも大量の筍を運び込んでくれる。のびるも筍も商売に使わせてもらっている。仕入れ原価ゼロのメニューである。

この他にも、山登りが趣味のトザワさんは、時々自分で採った野ぶきを持ってきてくれる。これも商売になる程の量なので、得意な野ぶきのかつお風味煮として供している。

11　オヤジの本音とたてまえ――とはいうものの…

居酒屋オヤジの心得などと称して偉そうに書き進めてきたが、少々タテマエが先行してしまい、本音の部分がかくれ過ぎたような気がする。たてまえはあくまでたてまえ、日常の商売の場面では、そうそうきれいごとばかりを言っているわけにはいかない。

お客さんは平等に扱うべしと言っても、毎日のように来てくれている常連客と、通りすがりに雨宿りに入ってきたお客さんを同列に扱うわけにはいかない。一見のお客さんに対しては普段と違って少々丁寧な態度になってしまうし、堅苦しいやりとりになるのに対し、常連に対しては友達言葉で接したりと、他から見てもそれと判るような接し方になってしまう。あまりいいことではないとは思いながら、本音では差別していることになってしまうのが現実だ。

また、適度な速さで酒が進み、肴も適量に注文してくれるお客さんと、肴はタバコと会話だけでチビチビやっている人を、対等に扱うなどとてもできるものではない。お客さん本位が商売の要諦とはいえ、なんでもかんでも自分を押し殺してしまうほど心は広くない。顔には出さないものの、心の中ではしっかり差別して扱っているのが実際だ。

安くておいしいものを提供するのがモットーと言いながら、これをおしつめて行くと店は破産してしまう。高くていいからおいしいものをというのは易い。しかし、大衆的な居酒屋なのだから、まず〝安い〟が前提になる。一品では三〇〇円台のものが圧倒的に多く、次が四〇〇円台、五〇〇円台以上というのは数える程、その範囲の中でのメニュー作りだから、これで結構大変な仕事ではある。

これからは、少し高いが良質のおいしいものも出していきたいと思うこともあるが、世の中不況の真っ只中、なかなか思うようにいかないのが実情である。

大衆的な赤提灯でも、ただ安ければいいというわけのものではない。安いは安いなりに心地よい雰囲気の中で酒を楽しみたいというお客の希望はよく解る。とはいえ、雑多なお客さんの寄り合いだから、そうそういい雰囲気を維持するのはむずかしいし、当方の体調が悪いこともある。もういい加減に皆帰ってくれと叫びたくなることも時にはある。

近頃はトシのせいか我慢が足らなくなって、面白くないことがあったりすると、たちまちそれが顔に出てしまうらしく、

「オヤジ、きょうは機嫌が悪そうだ。早く帰ろう」

と帰り支度をする人もいるくらいだ。

お客さんが帰るときに送る感謝の挨拶は、当り前のことながら大切なものだ。できれば目を合わせて一人ひとりに挨拶したいものと思っている。しかし、威張り散らしたり自分本位の態度で横柄なふるまいをしてその場の雰囲気をこわしたりしたお客や、僅かな売り上げで長居をして当たり前という顔のお客に対しても同じような真心を込めた挨

拶がてきるだろうか。そこはそこ、いいお客さんに対するそれとは自ずから違ったものになるのは仕方ないだろう。「どうも」の一言で終わることもある。

居酒屋ではあくまでもお客さんが主役で主人公である。オヤジなどというものは、いるかいないか分からないようなところが丁度よい。脇役に徹すべしというのがモットーである。だがこちらも生身の人間である。いつもいつも脇役ぐらしではストレスが溜まって仕方ない。大方のお客が帰り、気のおけない人達だけになった時などは、一緒になって杯を傾けおおいにしゃべってしまう。こんな時は、残り物の肴を出したり、酒も少しふるまってオヤジの反乱を免責してもらうことにしている。居酒屋オヤジの最も寛げる時間かもしれない。

お客さんの飲み過ぎに注意することにしてからが、必ずしもお客さんのカラダのことを心配してだけのことではないのだ。このお客さんはこれ以上飲むと悪酔いするし、扱いが大変だからストップするという思惑もあるのだ。それに一定量が入ってしまえば、もうそれ以上の売り上げ増は見込めないという浅ましい計算にもなるのではないか。

お客様は決して神様ではないというのが、たてまえでもあり本音でもある。お客さんあっての商売であることは解り切ったことだが、だからといって、お客さんの言うことになんでも従わなければならないということではあるまい。むしろ、店の中のことについては、お客さんが安心していい雰囲気で酒が楽しめるようにするために、これをこわすようなことには、敢然として排除することも必要ではないか。

そのためにも、お客さんについての情報をできるだけ沢山仕入れておくことと、人間関係をよりよいものにしておくことが大切だと心得ている。人間関係を大切にするというのは、それ自体大切なことではあるが、同時にいざという時にお客さんを説得する場面で力を発揮することになる。店全体の雰囲気なり、基本的なポリシーを守るためには、時としてお客さんに我慢してもらうこともあるのだ。

到来物はお客さんに分配と、気前がいいように書いたが、あまり好きでないものはお客さんにどんどんやるが、自分が好きな珍味などはもったいないので、三分ぐらいをふるまい残りの七分はとっておいて、お客さんがいなくなってからニヤニヤしながらそれで一杯やるのを楽しみにしている。

以上ざっと振り返ってみてもたてまえと本音はかくの如く違うものである。

第三章

変わったお客が来店したとき

従業員を使い、自分は後方で指揮を執るような店と違い、パパ・ママストアの小さな居酒屋では、お客がいるかぎりお客とオヤジとは全人格的な対決の場であり、なかなか息の抜けないものである。

そして、人間観察が好きな筆者にとっては、居酒屋などというのは絶好の場である。次から次にお客が入り、若干の濃淡はあるものの、それぞれのお客との時には極めて友好的な、時としては対決的な接触が続くわけで、人間観察、人間研究のまたとない時空となるわけだ。

ここに集うお客は、あたり前のことながら一人ひとり酒の飲み方が違うように、物の考え方や行動パターンが違っている。仕事が違い、それぞれ得意分野があり、教養の差があり性格もさまざまである。千差万別の経歴と性格のお客さんと接するのは大変なことであり、気疲れもする。

大変なことではあるが、これが当方の仕事なのだから、大変なことと思ってはいけない。むしろ、バードウォッチングならぬ、人間観察会を毎日やっていると思えばよいのだ。しかもこの人間ウォッチング、こちらから山野へ出かける必要もなく、被観察者が向こうからやってくるので楽だ。その上ありがたいことにいくばくかの金子《きんす》を置いていってくれて、これでなんとか当方の生活が維持できるのだからこたえられない。

そんなお客さんの中には変な人もかなりいる。少し変わった人もいれば、かなりの変わり者も散見できる。ここでは、お客をしくじることを恐れずに、変なお客の棚卸しをしてみよう。

1 「これあげる」

こんな商売をしていると、さまざまな人びとから、さまざまな物を頂くことがある。いちばん多いのは、帰省した際の故郷のお土産と出張したときの土地の名産である。これらのお土産は当然のことながら全て食べ物である。正月休みのあととか、お盆休みの帰りの時などは、いろいろな地方の特産品が集まることになる。

お土産に旨いものなしというが、その地方のお土産の中で一番安心して食べられるものは漬物だろう。東北地方のものでは長茄子漬やいぶり大根などがあるし、信州の野沢菜もいい。京都は漬物のメッカで、しば漬に千枚漬、菜花漬など皆旨い。

漬物はその土地で漬けたものをその土地で食べるにかぎるというが、今は包装技術も発達しているし、輸送方法もレベルアップしているので、いながらにして地方の味を楽しむようになっている。

ところで、お土産ではなく、とんでもないものをもらったことがある。それも全く見ず知らずの一見のお客さんからである。

ひとりで入ってきて目の前に座ったのだが、どうも挙措動作に落ち着きがないのだ。メニューを見ていて飲み物に迷った挙句、熱燗をくれと言う。出すと、もっと熱くしてくれとクレームをつける。少々厄介なお客のご入来と気が重くなっていると、肴の注文もあれにしようかこれにしようかとブツブツ言いながらである。どう見ても、ビスかピンが一本抜けている風情である。

そのうちネクタイをゆるめて首のまわりをかき始めた。暑いときだから仕方ないのだがどうも態度が落ち着かないのだ。そうこうするうちに首につけていたネックレスを外してしまった。

「どうもかゆくていけない」

と言いながら外したネックレスをいじくりまわしていたが、

「マスター、これあげるヨ」

と目の前のカウンターに突き出してきた。

全く知らない一見のお客さんの汗にまみれたうす汚れたネックレスを、あげるからと言いわれても手が出るわけがない。見るだけで気持ちが悪くなるくらいだ。

「そんなモノいりませんヨ」

わざと忙しそうにしながら無視していると、また意味不明なことをブツブツ言っている。しばらくするとそのきたないネックレスを置いたまま帰ろうとするので、

「これ持って帰ってください」

と言うのに、今度はテキが無視をきめこんで出ていってしまった。

汚れたネックレスがいずらそうにカウンターに残っている。そのままにしておくわけにはいかないので、つまみあげて洗い場の隅に放っておいた。

仕事が終わってから、そのまま捨ててしまえばよいものを、汚れているとはいえ、金色に光っていたので、もしかしたら金かもしれないと思い洗ってみた。下卑た助平心が吾ながらなさけない。

しかもその助平心は見事に裏切られたのだ。ネックレスの先についている四角なペン

ダントにははっきりと「PURE BRASS」と印されていた。真鍮に興味はないのでそのまま屑かごに捨てた。

頼むからこんどくれる時は、九が四つ並んで刻印された大きな金貨のついたネックレスにしてもらいたいものだ。

その後、その変なお客は二度と来ていない。

2　宇宙人

ミスター・ニエットと言えば、かつてのソ連の外務大臣を二〇年以上続けたグロムイコ氏だが、なんでもNOのグロムイコさんとは反対に、「ダー、ダー」を連発するサイトウさんがいる。ミスター・ダーと尊称している。

言うまでもなくダーはロシア語のYESである。このサイトウさん、初めのうちは静かに飲んでいるのだが、酒が二杯になり三杯になる頃になると「ダー」を連発するようになる。これが酔い出したという明確な信号なので出す酒を抑えにかかる。しかし、この方ぐらい素面《しらふ》と酔いの境界がはっきりしている人は少ない。

このダー、ダーが出る頃から、やたらと外国語が口をついて出るようになる。外国語と描いたが、正しくは外国語らしい言葉と書いた方が正確である。ご本人は英語かドイツ語か中国語をしゃべっているつもりのようだが、聞いている周りの人びとには決して理解できる代物ではない。現に友人のカナダ人のウェインさんに英語らしきもので話しかけるのだが、達者な日本語で「よく解らないから、日本語にしてョ!」とたしなめられるのが常だ。

このサイトウさん、旧制高校最後の人で、旧帝国大学卒である。専門が言語学らしく、日本語にかぎらず外国語の勉強を続けていて、本と酒は大好きだが仕事はあまり好きではないというタイプである。

気の弱いお人よしといったところで、個人主義意識が強く、組織になじめないので、残業はしない上すぐ上司と衝突してしまう。店に来るようになってからだけでも仕事を三、四度かえている。トシもトシだし、特殊な技能を持っているとも思えないのだが、やめてもすぐ次の仕事をみつけてくるのが不思議である。

このサイトウさんに筆者が奉ったもうひとつのニックネームが「宇宙人」である。「ウチュウジン」と書いた方がぴったりかもしれない。これは、酔ってくるとしきりに身体と手をくねらせて、軟体動物のようになるところに由来する。特に指先などはインド舞踊やバリ島の踊りを見るようなあやしげな動きをみせるのだ。

この宇宙人スタイルで、意味不明の外国語風の言葉でやたらと話しかけられると、たいていの人は辟易してしまう。初めてのお客さんなど、ひどく変な店に入ったもんだと早々と帰り支度である。

サイトウさんが暫く顔を見せなくなり、久しぶりに顔を見せるなり、

「いま、台湾から帰ったところ」

と言う。さてはリタイヤーして台湾旅行にでも行った帰りかと思うとそうではなく、少し前から会社を変え、すぐに台湾駐在になり単身赴任している由。

どんな経緯があったか知らないが、六〇歳を過ぎた新入社員を外国に駐在させるなど、どんな会社かと驚いたものだ。その後二ヶ月に一度の帰国のたびに店に寄ってくれるのだが、酔ったあとの例のムニャムニャ外国語がこんどは明らかに中国語中心になっていた。

筆者も含めて、中国語を解するお客さんはいないので、サイトウさんのしゃべってい

る中国語（らしい）が本物かどうかはわからない。店で一番親しくしているモモイさんに、さんざんムニャムニャ中国語で話しかけヒンシュクを買って、

「あなたねー、日本語でしゃべってもよく解らないのに、その変な言葉ではさっぱり解りやしないよ」

そうこするうちに、台湾から引き揚げたと言うので、帰任したのかと思ったらそうではなく、その会社を辞めたのだと言う。高齢者の再就職が極めてむつかしいと言われる中で、どうしてこんなにすんなり次の仕事がみつかるのだろうか。やはり宇宙人だからか。

そしてそのうち、どんな関係かは知らないが、中国人の女性をつれて来るようになった。連れはひとりの時もあれば二人の時もある。二人共日本語がペラペラである。サイトウさんの中国語の練習のためか、時々中国語の会話をしている。見ているといい加減なように聞こえるので、

「サイトウさんの中国語、通じているの?」

と聞いたところ、

「エエ、なかなか上手ですョ」

とのこと。かなりの部分が社交辞令と見ているが、通じているのは事実のようだ。ということは、今までかなり疑っていたが、中国語と英語はまあまあとして、ドイツ語とロシア語も多少は使えるのかもしれない。さすがは言語学専攻の勉強家だと見直しつつあるところだ。

3　会話ジャックのお客

あたりまえのことだが、会話はお互いが共通の話題について語り合うことで成立する。ところが、何の断りもなく突然話題を変えたり、話の流れを勝手に一八〇度方向転換したらどうだろうか。そこには会話は存在せず、あるのは単なるわめき合いだけだ。

常連の中にも、こうした手前勝手な癖《へき》を持っている人が二、三人はいる。あるいはもっと多いかもしれない。この傾向のある人はおおむね話好きである。そして人見知りすることがなく、平気で他人に話しかけることができる人である。

そんな種族に属するひとりをAさんとしておこう。このAさん無類の話好きである。

店に入ってから帰るまで、彼の声が絶えることはない。その上、体は小さいのに声は大きい。店中に響くのだ。

大体会社の人と来るのだが、自分達で話しているだけでは足りず、会話のかけ持ちしてしまうのだからすごい。かなり耳もいいのだろう。自分たちで話しながらでも近くの他人の会話も耳に入るらしく、突然、

「ネー、ネーあのさ、私はこう思うよ」

と強引に他グループの会話にクチバシを入れ、いつの間にか自分中心の話題にすり変えてしまうのだから厄介である。これを筆者は会話ジャックと称してる。

会話ジャックといえばもう一人ジャック名手がいる。Bさんとしておこう。無類の話好きというより、はっきり言っておしゃべりであるこのBさん、Aさんの上を行き、隣の会話に乱入するだけでなく、四、五人先の人にも平気で話しかけ、その人達からも話題をさらってしまうことである。店のカウンターは十一名が定数だが、真ん中辺に座れば、左右両翼が彼のレーダーの捕捉範囲となり、どちら側にいても会話に介入される惧れがあるので警戒しないといけない。

善良な市民の代表のようなお客さんは、Bさんのこの強引な会話ジャックに対してあ

からさまな拒否をすることなく、なんとか話を合わせるのが常だが、度重なる不当な介入には我慢しきれず、ついには聞こえないふりをして無視する戦法を編み出した。このため、さしも猛威をふるった会話ジャックも徐々に終息に向かったことである。

再びＡさんのことに戻る。江戸ッ子で気はいいのだが、何しろ強引に話題を自分のものにしてしまうので、ついには嫌われ者となり、彼の隣近所には座りたがらない人が多くなった。よく気がつく人だが、ひとつのコミュニティの中で、自分が嫌われているのが分からないというのは哀れである。Ａさんは徐々に嫌われ無視されるようになり、そのうち消えていった。

ＡさんにしろＢさんにしても、「話し上手は聞き上手」という金言を知らなかったのだろうが。ペラペラと自分の言いたいことを言い放つのが話し上手ではあるまい。そういうのは単なるスピーカーであって、相手の言うことにじっくり耳を傾け、よく理解することから真の対話が生まれるのであって、一方通行のオシャベリは対話でもなければ会話でもない。

このことは、単に会話にとどまらず、人間関係の根幹にかかわることで、他人の言うことをよく聞き、相手の立場に立って物を考えることができない人は社会人失格だと思っている。教養とは、相手の立場を理解できる想像力を備えていることで、これが一番大きな条件ではないだろうか。

とはいうものの、せっかちな私は論争になったりすると、ついつい相手の発言を抑えて、強引に自説を主張することもしばしばで、まだまだ修養を積まねばならないと反省することしきりである。お互いに気を付けましょう、ご同輩。

AさんとBさんをあげつらったので、この辺でコザサさんにもご登場願おう。今でも、コザサさんの初のご入来の時のことは鮮明に憶えている。

一人で来店、肴についていろいろ聞いたりするので、少しうるさいお客だと思ったりしたのだが、お勘定の時のことである。

「ハイ、ありがとうございました。一、九五〇エンです」

「へー！　高いナ」

ときたもんだ。こちとら長く商売をしているが、一見のお客に「高いナ」と言われたことはないし、リーズナブルな値付けをしているつもりなので、このひとことにはカチンときた。こんな客は二度と見たくないと目で追い帰したものだ。

ところが、その後チョクチョク現れるようになり、徐々にだが顔見知りもできて、気がついてみると立派な常連として振る舞うようになっていた。だんだん性格が解るにつれ、この「高いナ」がシャイな性格から「意外と安いナ」の裏返しであったことも理解できたところだ。

このコザサさんの会話風景がまた一風変わったもので、すれ違い会話とでも言えようか、彼と話しをすると二、三度は目を白黒させられること請け合いである。

例えば、小説のことを話していると何の脈絡もなく金利の話しを持ち出したり、政治のことを論じていると急に夏目漱石論を持ち出すといったところで、会話の相手は目を回してしまう。

一、二度こんなすれ違いの不快さを味わったタネイチさんなど、三度目には自分の方から次々に九〇度ないし一八〇度違う話題をふって、相手を混乱させて溜飲を下げている。

コザサさんは人付き合いが上手な方ではなく、人見知りするほうだから、最初のうちは店の雰囲気にとけ込めないでいたが、だんだん知り合いができるようになると、すれ違い会話は少なくなってきている。本の虫であまり仕事が好きではないところ、そして少し変り者であるところなど前項のサイトウさんによく似ており、最近さっぱり姿を見せないサイトウさんの生まれ変わりではないかと思っている。

　このコザサさん、最近長い銀行員生活を卒業して、関西方面に隠遁してしまった。店の平和は戻ったが、少し寂しい気がしないでもない。

4　「うまいものちょうだい」

「オジサン、これおいしい？」

「ああ、おいしいョ、今旬だしネ」

これは魚屋などの店先でよく目にする買い物の主婦と主人のやりとりだ。しかし、考えてみるとこの会話はかなりおかしい。これおいしいか、と聞かれて、

「うん、これはまずいョ。食えたもんじゃないネ」

などと言うわけがないのだ。

　それでも「これおいしい？」という買い物客の問いかけは続いている。この場合の「おいしい？」は単に自分の買い物に安心感を得るための確認作業なのであって、たいし

て意味のある言葉ではないのだ。

店でも、時にいいトシの男のお客さんが同じような問いかけをしてくることがある。

「マスター、その串おいしい?」

などと聞くお客に対して、私はヘソ曲がりだから、

「サー」

と言ってまともにとり合わないことにしている。私としてはうまいと思って造ったものだが、他の人にとってうまいかまずいかはその人の味覚の問題だ。だから「これうまい?」という質問はナンセンスだと思うのだが、なじみのないお客は変なオヤジと思うだろうし、無愛想な奴だと思っているかもしれない。

もっとも、いつも「サァー」とかわしているわけにはいかないので、時には、

「今旬だからうまいんじゃない」

と言ったり、

「もう最高!　これ食わない人はバカ」

とおどけたりして切り抜けることが多い。

ところが、

「これうまい？」

とは言わないが、一、二品食べたあと、

「何かうまいものない？」

とのたまうのが常の人がいる。ニシノさんで、太り気味の成人病のデパートのような人。

やきとりの場合、塩やきは一切駄目、タレをつける場合も片側だけ、味付けなしリクエストも多い。この、

「何かうまいものない？」

に対しては、

「何もないネ」

と答えるし、毎度のことなので、

「何度言ったら解るの？　こんな店にそんなうまいものあるわけないじゃない」

とはぐらかすことにしている。

ニシノさんのこの言い方も、たいして意味のあるものではなく、次に注文するものを何にしようかと思う時のご挨拶ぐらいと思えば、そう目くじらを立てることもないわけだ。

うまいかと聞かれるのはかなわないが、「これはうまいネ」と言われるのはうれしいし、こんな商売をしている者にとっての楽しみのひとつだ。人間ほめられるのはうれしいもので、また喜ばれるものを造ろう、料理にもっと工夫しようと思うのだ。

特に、うまいとほめられなくても、同じものをお替りしてくれるのは何よりのほめ言葉になる。たまたまその人の口に合ったということなのだろうが、それでもこの「お替わり」はうれしいもので、終わってからの妻との会話に登場するのが常である。

ところで、「何かうまいものないの?」のニシノさんだが、九州男児の独身である。しゃべる言葉や動作に粋なところは更にないが、店の中ではなかなかの有名人である。

かなり長い間、そう、数えきれないくらい長い間独身を続けている人で、無類のみそ汁好きである。みそ汁といえば、世の男性諸氏はなべてみそ汁が好きである。特にみそ汁については皆一家言を持っている。ダシの種類ととり方に始まり具を何にするかなどだが、聞いているかぎりでは、自らみそ汁作りをしている人はほとんどなく、親や奥さんのみそ汁について思い出があったり、不満があったりするところからの発言のようだ。

筆者自身もみそ汁大好き人間である。ダシは鰹節よし、煮干しよしで具となれば旬のものなら何でもよい。中でも若布、大根、里芋は好きなもののご三家である。具はひとつでは寂しいし、やはり三つ以上の方がおいしいようだ。

みそ汁の身上はひと煮立ちだと言われているが、店で食事をするので作りおきをしておくことが多い。この作りおきのみそ汁を、おそくまでいたお客さんにサービスすることがある。この受益者は、先程のニシノさんの他、ワラさんやホシさんである。酒のあとのみそ汁は作りおきでかなり味の落ちたものでもおいしいらしく、せがまれるくらいである。

5　駄酒落合戦は外で

駅の売店で買ったワンカップを開けて、一息で流し込んで電車に駆け込む光景を見ることがある。筆者も酒好きを自認しているが、いくら酒が好きでもあんな芸当はとてもできるものではない。ただただ口からアルコールを流し込んで何か酒かと言いたい。清涼飲料として、缶ビールを一息に飲むなどは、夏の風物詩としてはあり得るが、酔うだけのための酒の流し込みは頂けない。

外で飲む酒の最大の愉しみは、知った店で顔なじみの人と軽い会話をしながらというところだろうか。初めての店で、ひとり黙々というのもひとつの飲み方だろうが、どうもこれは理由《わけ》ありの酒に見られるし、第一さみしくていけない。

店でも一人で来るお客は結構多い。一人といっても殆どが常連なので、ひとりで黙々というのは少なく、たいていは知り合いとの会話を肴に飲むことになる。

ところが、二、三度来店はしているが、まだ知り合いがいないというお客さんの場合、扱いがむつかしい。ひとり静かに飲みにきたのか、あるいは店の者、つまり筆者などとの会話がしたいのかがはっきりしないのだ。

ところで、一人で来るお客さんには、変わり者が多いというのが、長い経験で得た定理だ。ところがこの一人客は、一旦知り合いができると急速に常連となるケースが多い。こうして店で知り合い、軽い会話を交すようになれば酒も楽しいし、なによりもストレスが発散すること請け合いである。そして、冗談や洒落が飛び交うようになると、店全体も盛り上がり楽しい場となる。

洒落と言ったり、駄洒落と言ったりするが、悪ノリをして駄洒落を連発するようになると、最初は合わせて笑っていた人も、度が過ぎてくると辟易してしまい、白けた場になってしまうことになる。「過ぎたるは及ばざるが如し」である。

ここに駄洒落を無上の愉しみにしている二巨頭がいる。高校時代の一年先輩のカネコさんとフリーランスのライターのツジさんだ。カネコさんの場合、ネタ本があるのか、耳学問として仕入れたのか、酒席で披露しようとして仕込んだ駄洒落や小話を小出しに口にするのだが、こうした人にありがちのクセで、話す相手がのってくる人かどうかを見極めないで、つまり相手構わず隣に座った人に話しかけるのだ。

駄洒落を振られても、一向に面白がらない人はいるものだ。よく知らない人に話しかけられるのを迷惑に感じる人もいる。下手な駄洒落にどうして付き合わなきゃいけないのかと反発して、馬鹿にされることもあるのだから、洒落も相手を見てからにした方がいい。

一方のツジさんは、その場で思いついた駄洒落を二、三発言って、ひとり悦に入るというタイプである。次々に発すると徐々に劣化するもので、だんだん面白くなくなるから不思議だ。駄洒落の駄作ではシャレにもならない。

このカネコさんとツジさん、それぞれ一人の時私に振ってくるのは、聞かないふりをしたり、聞き流すうちに終わってくれるのだが、この二人が同席するとなると事態は大きく変わってくる。

最初のうちは、お互いに意識しながらも、おとなしくしているのだが、どちらかが駄洒落の虫抑えがたく、ちょっと口を切ろうものならもう大変である。相手は待っていましたとばかりに駄洒落で応じ、あとはお互いに負けまいとして、目を輝かせて駄洒落のやりとりをするのが常である。

こうなると、周囲に人がいるのも忘れて、駄洒落の応酬が続き、あたかも二人の決戦場と化してしまうのだから困りものだ。初《はな》のうちは少しは面白いものもあるのだが、アイデアも枯渇するものと見え、だんだん駄作が続くようになる。それでも惰性で続けるともういけない。それでも合戦を続けようとするので、

「もういい加減にしなさいョ。これ以上へたなシャレを言い合いたいんなら、二人とも外に出てやってョ」

これでやっとおさまるのだが、まだ二人の目の輝きは消えない。こうなったら、富士の裾野にでも行って、ダレもいないところで、心ゆくまで駄洒落合戦をしたらいい。

その後、ツジさんが、若いのに不慮の死をとげたニュースが入って、寂しい思いをしていたら、ツジさんの生まれ代りというべきか、最近常連の仲間入りをしたウスヤマさ

んは、速射砲的な駄洒落屋としてデビューした。しかし、見ず転ではなく、相手を選んでいるので助かる。

6　払い終わってから「もう一杯」

店で出している飲み物は、ビール（「エビス」の生とビン）、日本酒（純米吟醸の「玉の光」と「菊正宗」）、焼酎（「雲海」）だけである。

このうち日本酒の二銘柄共猪口を使わず、「玉の光」はメーカー支給の専用酒器で、茶碗風のものに枡の袴付である。「菊正宗」は市販の筒型の湯呑茶碗と受け皿のセットを使っている。だから「熱燗一本！」というわけにはいかず「熱燗一杯」ということになる。

純米吟醸の「玉の光」しか飲《や》らないタケムラさんは、ピッチが非常に速い飲み手で、一杯から二杯目など五分間くらいで終わってしまう。駅のホームのグイ呑みではないのだから、もう少しゆっくりやればよいのに、やはり性格なのだろうか。

それでも、三杯目ぐらいからは少し落ち着いてきて、　その頃から

「今何杯目？　たしか四杯目だよネ」

と自分の飲《や》った数を確認するようになる。こちらもお客さん個々の飲み量を全部把握しているわけではないので、妻が早速伝票をのぞき込んで、

「四杯目ですョ」

と答えることになる。そこで四杯目をゆっくり飲んで、五杯目で終わるという寸法である。

「今、何杯目？」と聞くのは、自分の飲んだ量がわからないからではなく、次に飲み継ぐための挨拶のようなものなのだ。そして定量にあと何杯かを確認して安心するのだ。

このタケムラさんの他にも、日本酒を四杯、五杯とやる人がいるが、それぞれ自分の飲んだ数は憶えているもので、いつも飲み過ぎ傾向のある人達には、

「もうそろそろ飲み過ぎですョ」

とけん制すると、

「大丈夫、まだ四杯だもん」

と返ってくる。伝票を見るとその通りになっている。

今何杯目？と飲んだ量を聞くお客さんがいると思えば、「ここまでいくらになってい

る？」と、それまで飲んだ金額を聞くお客がいるのだから、世の中さまざまである。

一、二度来たことのある大手企業の人だが、会社の中でも相当な変わり者として評判らしく、見ているかぎりでも、店の雰囲気に最も合わない部類の人である。はっきり言えば、願いさげにしたいお客さんだ。

聞くところでは一人一回の食事について、会社が負担する金額が決まっているようで、その範囲内に納めるために「今いくら？」と聞くのだ。酒を飲みにきて、あと一杯飲んだら三百円オーバーだとか、あとビール一本飲めるとか、計算しながらやってどこが楽しいのだろう。

三度目ぐらいに来店した時、また「今いくら？」ときたので、とびきりいやな顔と態度をとったためか、それからは来ていない。

話は変わるが、酒飲みは意地汚いと相場が決まっている。恥ずかしながら筆者もご他聞に漏れずこの部類に入っていると思っている。

これは意地汚いというのではないかもしれないが、勘定を払い終わったから帰るのかと思うと、

「ネェ、もう一杯ちょうだいョ」

と言って、屋上屋を重ねる妙なクセの人が二、三人いる。

フクチさんは、まずビール一本をじっくり飲んで、次はキープしている焼酎をお湯割りでやるのが定番。普段はそれで機嫌よく終わるのだが、少し飲み過ぎたりすると、勘定を終わってから「タマヒヤ一杯!」とくる。

この「タマヒヤ」、知らない人にはさっぱり分からないだろうが、吟醸酒の「玉の光」を冷やしたものをいうのだ。誰かが言い出したか判らないが、今では広く通用する言葉で、「タマヒヤ」が分からないと店ではもぐりだと言われている。この「タマヒヤ」の呼称は、あくまでも「いな鳥」だけのもの、「玉の光酒蔵」に行って「タマヒヤ一杯」と言っても通用しないので念のため。

「もう一杯」のフクチさんは、「うーん、やっぱり日本酒は旨いナ」と、とどめになる最後の一杯を飲んで、それでも元気にお帰りと相成る次第。

一方、ある人のおしまいの儀式はビールに決まっている。普通、まず最初がビールであとが「玉の光」のお燗というパターンで終わるのだが、払い終わっても去りがたい時があるようで、

「マスター、ビール一本!」

とカウンターにお金を置いて注文。もう相当入っているので、全部飲めるわけではない。

「マスター、一杯すけてよ」

と言ったり、親しい飲み友達に注いだりすることになる。

払い終わったのですぐ席を立つと思っていると、キープしている焼酎のボトルを取り出して、またチビリチビリやり出す人がいたりして困ってしまう。こんな時にかぎって新客が入ってくるもの、払いが済んでいるので新しいお客さんを入れるのだが、無頓着にやり続けるのでそんな時は、

「すみません、交替してくれませんか。お客さんが待っているんで」

とお引取り願うことになる。

7 仏の顔も三度

日本酒をお銚子ではなく、湯呑み茶碗で供している話が続く。お銚子とお猪口ではサービスも煩雑になり、だいいち、やきとり屋風情の大衆居酒屋のこと、コップ酒が似合

いである。

ところで、何事も過ぎたるは及ばざるが如し、何事もほどほどがよい。とはいうものの、酒飲みのこと、ついつい深酒になることも多い。

だから、店のポリシーとして、飲み過ぎは厳に戒めるようにしている。新しいお客さんでも、店の雰囲気で、飲み過ぎが歓迎されないのが分かるようで、クダを巻くようなお客さんは殆どいない。

常連については、それぞれ定量が判っているし、馴染でなくても、日本酒なら三杯程度を限度としており、それ以上はできるだけ「マスターストップ」を出して抑えるように気を遣っている。

さはさりながら、時と場合によっては定量を破りたい心境になることもあろうし、深酒をしたくなる時もあろう。そんな時でも、もう一杯となる荷が重過ぎるという場合がある。こんな時、「半ツク」と称するシステムがある。つまり酒器一杯に注ぐのではなく、半分にして出すわけで、値段も当然半額となる。

この「半ツク」は一杯では多過ぎるがもう少し飲みたいという、いわば微調整というわけだから、当然のことながら一回きりである。この「半ツク」の半分だが、杯に注いでみてほんとうの半分こっきりではさみしいし、最後だからと、半分より少し多めに注ぐようにしている。サービスというか、心意気みたいなものだ。その時の加減にもよるが、少なくとも六分目から七分目ぐらいにはなるだろう。時には手許が狂って、見た目では八分目ぐらいになることもある。

このことからも、「半ツク」は一回限りとする方針がお解りのことと思う。もし七分目が二回ということになると一杯分のお金で一・四杯分飲めることになってしまい、不公平である。こんなことが通るなら、最初から半分を注文し六回お代りをすれば、三杯分の代金で四杯分以上飲めることになってしまう。

ところが、ところがである。この「半ツク」を三杯も飲んだ御仁がいるのだ。ヨリキさんである。まずビールを二本、続いてタマヒヤを三杯ぐらいというのが彼の定番。ある時、定量の三杯目が終わり、殆ど慣例になっているもう半分も終わったので、そろそろお勘定と思っていたところ、私がいないところで妻に「もう半分！」と注文、半分がすでに出ているのを知らない彼女が、そのまま注いでしまった。そして伝票につける時、二度目の半分であるのが判ったのだが時すでに遅しである。

その後もヨリキさんの周辺では話が弾んでいるようである。暫くするとニヤニヤしな

がら当方を見ていて、

「もう半分と言っても……もうダメだよネ」ときたもんだ。あたり前である。仏の顔も三度というではないか。

「もうダメ！　ダメなものはダメ！」

どこかの政党の委員長の真似をしたものの、禁を破って二度やってしまっている。二度あることは三度あるという。毒を食えば皿までともいう。ええままよとばかりの三杯目の半分を黙って注いでしまったという次第。

そのことがあってから、半分は一回切りというポリシーもあまり厳格には実施できなくなっているので、巻き返しを計り、なんとか厳正な措置をしたいと考えている。

話は日本酒から焼酎のことに移る。焼酎は一杯売りの他、ボトルキープがある。ボトルキープの場合、飲み終わってそのまま空のボトルを捨てるのではなく、空になったボトルに一升ビンから詰め替える方式を取っている。これで僅かではあるがビン代分だけ安くしている。お湯割り一杯分ぐらいがタダになる勘定だ。

だから、古い常連の何人かは、同じビンを一〇年、一五年と使い続けていて、手アカでラベルも不鮮明になっているものも多い。お互いに古さを自慢し合っていたりして、新しいものに換えてやろうとしてもだれも換えようとしない。カネコ、フクチ、タジマさんなど同じビンを二〇年ぐらい使っているのではないか。

この一升ビンからの詰め替えであるが、日本酒の「半ツク」が七分目以上になるのを見ている焼酎のお客さんから、なぜ日本酒の人だけあんなサービスをするんだと苦情を言い出す人が出てきた。焼酎党にも応分のサービスをすべきだと主張するのは、フクチさんやニシノさんである。

公平を旨とする店としては、ここは焼酎党を差別するわけにはいかないと、一升ビンから詰め替える際、ボトルの口一杯まで入れて日本酒との整合性を確保している。どんなビンでも、中身はキャップから四・五センチ下が定量になっているので、かなりのサービスになっているはずである。

そのことを焼酎党の諸氏に言うと、この人達どこまで欲深いのだろう。「そうは言うけど、日本酒を注ぐときは、あふれる程さしているではないか。あれはどうしてくれる」と迫るのだ。もうこうなったら勝手にしろだ。時にはビンの口まで入れて、更に少しカウンターにこぼれるくらいに注いでやることにしている。こうして、損が嵩んでなかなか儲けさせてもらえないでいる。

8　今どきの腹巻き

「ドンブリ勘定」という。今では見ることができなくなったが、むかしは大工や左官などの職人の多くが、赤ちゃんのハラガケの親玉のような紺の腹掛けをしていた。その腹掛けのおながあたりが袋状になっていて、その中にお金をはじめ、タバコや小物などいろいろなものを入れていた。

タバコ銭などなにか代金を払うときは、その袋、つまり丼＝ドンブリの中に手を入れてお金をつかみ出すことから、ドンブリ勘定という言葉ができたわけだが、筆者も、子供の頃この光景を目にしたことがある。いろいろなものが入っていて、まるで魔法の袋のように感じたものである。

最近は大半の人がカードをいっぱいさし込んだ財布をとり出して、カードで支払いをしたり札を出したりして支払っている。店ではカードでの支払いは受け付けず、現金だけだ。

筆者自身はカードが嫌いで、現金払いを旨としているが、外出する時財布は持っていかない。その時必要と思われる金額のお札と小銭だけを持つようにしている。財布を持って歩くとポケットがふくらんでいやなのと、買い物をする時、財布を出して払うのが、なんとなく大仰に思えて気恥ずかしいのである。

財布がないわけではなく、持っているのだが、売上げ金の一時保管と仕入れ伝票のファイル用である。カードを使わないので財布は不要で、カードがないことによる不便は一切ない。ために財布を持ち歩くこともない。

お客さんの中に、こんな筆者に似た人がいる。ナカツボさんだ。週に二、三度は来店する常連だが、ナカツボさんの財布を見たことがない。ないのか持って歩かないのかは知らないが、とにかく、財布から金を出したのを見たことがないのだ。それならどこからお金を出すのか。私の場合は、小銭入れはズボンの左前ポケット、お札はシャツの胸ポケットときめているのだが、ナカツボさんの場合は、スーツの右ポケットがドンブリになっている。

「ママ、いくら?」

「ハイ、二、一五〇〇円です」

そこで立ちあがり、右手をポケットに入れて、目線を前方斜め上方に向ける。暫く手をゴソゴソしているとやがて、金二千円也が右手につかまれて出てくる。次に百円玉と五十円玉が拾い上げられてカウンターに並べられるという寸法である。

この場合、右ポケットから持ち金全部を出すのではなく、ポケットに入れたままで、指先を使ってさぐり当てるところがミソだ。まるで麻雀の盲牌のようで、相当指先が器用でないとできない芸当だ。あの右ポケットの中は一体どうなっているのだろうか。札やコイン別に区分けされて収納されているのだろうか。いちど聞いてみたいと思いながら果していない。

全く別のケース。ある初夏の一時前である。すでに昼定食のお客さんは大半が帰り二、三人残るだけのところへ、二人組がご入来である。二人でビール一本をとり定食を食べたのだが、話を聞いていると、近県から仕事で上京した不動産業らしいのだ。さかんにそれらしい会話が続いている。

食事が終わり、やおら立ち上がってお勘定をする段になると、払う方の人がいきなりクルリとむこう向きになるのだ。もうその頃は他にお客さんはいなく二人だけだ。むこう向きになって逃げ出すつもりではないだろうかと心配していると、ワイシャツの前からおなかの中へ手をつっこんで一万円札を取り出すではないか。

つまり、ワイシャツの下は腹巻きになっていて、その中から少し暖まった万札を取り出したのだ。まさかと思われるかもしれないが、平成の世のお江戸のまん中でおきたことなのだ。ありがたく頂戴したが、二人が帰ったあと、妻と顔を見合わせて笑い出してしまった。

この他にも、同じ頃、昼定食にやってきたお客さんの中に、腹巻きの中からお金を出した人がいる。いつも三人連れできていた作業員風の人達で、中の一人が腹巻きをしていて、その中から喜々とお金を出していた。この人の場合、作業の都合でそういうことにしているのだろうから笑えない。

外国旅行の際、現金を腹巻きに入れていき、ホテルのフロントでシャツの中から取り出すなど、日本国の恥だと言われてきたが、さすがに最近ではこんなことはなくなっているだろう。しかし、前述のように国内で散見できるのだから、あるいは外国まで持っていく人がいるかもしれない。少し心配だ。

第四章

メニューの周辺

やきとり酒場「いな鳥」とやきとりという言葉を冠している通り、酒肴の中心はやきとりが主体である。焼鳥とか焼き鳥とか書かないでやきとりで通しているが、焼鳥では字面《じづら》が堅いのでやきとりと言っているまでで、特にこだわっているわけではない。

やきとりと言っても、牛や豚のモツ中心のところもあるが、店ではニワトリだけでやっている。常時あるものは、ネギとモモ肉を交互に刺したはさみやき、レバ、ハツ、砂肝、つくね、とり皮、手羽先、うずら玉子で、他に日替わりの一品として軟骨やぼんちり、ささ身の大葉巻き、ちょうちんなどがある。

やきとりの起源はそう古いことではなく、関東大震災の大正十二年頃ではないかというのが通説だ。どんなきっかけでできたのか、最初の味付けは何だったのかもはっきりしていない。今ではタレ味と塩味に二分されているが、このところ塩味が勝っているように思える。それもうす塩が主流だ。

とはいうものの、おまかせといって一皿六本のセットの場合、特に注文がなければタレ味を原則にしている。お好みでの注文の場合は、手羽先と砂肝、それにうずら玉子は黙っていても塩味にしている。

やきとりなどというのは料理と言えるものではないのかもしれない。ただ味をつけて焼くだけのものだから。食べる方から見ると、極めて簡単なように思えるかもしれないが、焼く前の作業、つまり串刺しという仕込みに結構時間がかかるし気を遣うのだ。平均に火を通すため大きさを均一にしなければならないし、鮮度を保つためには手早くやらないといけない。

1　お飲みもの

お客さんが店に入ってきた時、「いらっしゃい」と言って迎えるのが私。妻の方は少していねいに「いらっしゃいませ」が普通で、次に聞くのが「お飲みものは？」という段取りになる。

居酒屋だから、お飲みものと言っても、ジュースやコーラと答える人はいない。「とりあえずビール」がごく一般的だが、どうして「とりあえず」がつくのか解らない。日本酒や焼酎が主役で、ビールは前菜ぐらいに考えてのことだろうか。ビールを口しめしぐらいに考えているのだったら、ビールがかわいそうである。

それでも、ビールから日本酒か、ビールから焼酎に移るのが八割ぐらいになっているところを見ると、このパターンは日本の食文化として定着しているのかもしれない。

ところで、店を始めるに当って、飲み物については単純簡単路線でいくことに決めていた。つまり、ビール、日本酒、ウイスキーを各一ブランドとすることである。

ビールについては、若い頃北海道に出張して飲んだビールの味が忘れられず、サッポロビールに決めていた。日本酒は、知人に紹介してもらった川越の酒に決めた。ウイスキーは無難なところでサントリー・オールドである。

長い間商売を続けると、なかなか初志は貫けないもので、現在の飲み物のラインアップは次のようなものである。

ビール　「サッポロ」「エビス」中びんと「エビス」生ビール

日本酒　「玉の光」と「菊正宗」

焼　酎　「雲海」

まずビールについては、サッポロに変わりはないのだが、一五年ぐらい前、外で食事をしたときに出た「エビス」を飲んで、今まで飲んでいたものと全く違う世界がそこにあるのを実感して、直ちに黒ラベルからエビスに変えた。少し高いのだが、それだけの価値があると評価している。なによりも、原材料が麦芽とホップと水だけで、余計なものは一切使っていないのがいい。本物のビールなのだ。他のものは米やコーンスターチを混ぜているので、一緒にはならない。

たしか、ビールの本場ドイツにはビール純粋法（定かではない）という法律があって、麦芽とホップ以外のものを混入した場合は、ビールと認めないことになっている。そこからすると、わが国のビールの大半は、ドイツではビールと認められないことになってしまうわけだ。

「エビス」が本物のビールであるのに対し、日本酒の「玉の光」も本物の日本酒である。日本酒は本来、米と米麹だけで造られていた。それが戦時色が濃くなった頃から、原材料の米が不足気味になり、酒造会社は製造石数確保するために、醸造用アルコールや水飴を添加して、水増し酒を乱造し始め、米余り時代になった今でも、多くの酒造会社が悪しき製造手法を続けているのだ。

京都は伏見にある玉の光酒造は、早くから米と米麹だけで造る本物日本酒を造っていて、社長は同志を集めて作った「純粋日本酒の会」の中核として活躍している人である。

この社長の意を受けて、同社の東京事務所の人が来店したのは、処女作である「やきとり酒場の社長業」を出して暫くたった頃である。社長が小著を読んで、面白そうな店だから、売り込みにいけと言われてのことである。サンプルをもらい、純米吟醸酒についてのご高説を聞いて、すっかり「玉の光」党に変身、ビールの本物である「エビス」と共に、日本酒の本物である「玉の光」を二本柱にすることにしたわけである。

今後もこの本物志向は断乎続けたいものだと考えている。

ここでエビスビールの名の由来の一席。東京のエビスにあったビール会社で造ったビールに、土地の名をとってつけたと思っていたら、恵比寿麦酒が先で、地名はビールの名から来ている由、先日の新聞記事で知った。

2　タレと岩塩物語

やきとり屋で店の特長を出せるもののひとつがタレである。

串焼きのタレとしては、やきとりの他うなぎやダンゴがあるが、それぞれスタンダードな材料の組み合わせであり、それに各々が工夫をして店の特長を出している。

やきとりのタレの場合、醤油、味醂、ざらめ砂糖ににんにくがベースで、これの割合の違いで特長を出すことになる。もちろんこの他にスパイス的なものを加えるところもあるかもしれないが、あくまでもベースは前記の材料だ。

店の場合は、今はないが赤坂の「鳥上」という店から教わった比率でやっているが、甘さを抑えたもので評判はまずまずだと自負している。

右の材料で、教えてもらった割合で二時間半ぐらい煮つめるとできあがりであるが、このままではお客さんに供するわけにはいかない。なにしろこの段階では比較的サラサラの状態でコクもないしトロミもあまりないのだ。だから、開店の際には、焼き方の研究も兼ねて懸命にやきとりを焼いてはタレにつけ、子供達に食べさせ、それでは足りないと親戚や近所の人達に試食してもらい、曲がりなりにもプロのタレと言える状態にしてのスタートであった。

その後はカメに入れて使っているタレが、一割ぐらい減るとストックを加えるのを繰り返しており、これが二五年も続いたので、ベテランの味にはなっているだろうと思う。

ところで、古い歴史をもつうなぎ屋ややきとり屋では、自家のタレを権威づけるために、これは何十年ものだとか、戦争の時は、カメごと埋めて逃げて、そのタレを種にしているなどという者もいるようだが、とんだ噴飯ものである。開店して六ヶ月もすれば焼き物のエキスが入ってそれ相当の立派なタレになるはずで、何も長く使っているからと有り難がるほどのものでなかろう。新しくやきとり屋を始める人がタレの作り方を教えてくれと乞われれば、教えるし現在使っているものを少し分けてやるつもりだ。現に名古屋で開店した人にはそうしてあげている。

次は塩味についてである。

タレはタレの持つうまみで焼き物を包むので、それはそれでやきとりのやきとりたる特長を出せるのだが、塩味は焼き物の素材の味をより鮮明に味わうことができるので、最近は塩味を好む傾向が強くなっているようだ。

塩味を好む人が多くなったのは、この他に素材としての塩がバラエティに富んできたのも一因とみている。筆者が子供の頃、田舎では塩といえば叺《かます》で買っていた。これを叺のまま大きな桶の上に置いて小出しに使うのだが、長い間にはにがりがタラリタラリと桶に落ちて、豆腐造りの際の凝固剤として使ったものだ。その頃は精製塩などは更になく、天然そのもののミネラルたっぷりの塩だったのだ。

その塩がいつの頃からか塩化ナトリュウム九八パーセントという、ミネラルなどを除いたものが中心となり、ミネラルを欠いて微妙なまろやかな味と縁遠くなってしまった。それが塩の専売制が廃れて以来、天然の塩がドッと市場に出まわり、消費者の選択の巾を拡げることになる。

さらに、海水から精製した塩になり、まろやかさとかすかな甘味さえ感じとれる岩塩が珍重されるようになってきて、かなり割高ではあるが、今では塩市場にさまざまな岩塩が並ぶようになったのはご同慶だ。

ところで、何年か前の初秋、当時ドイツにいた孫を訪ねて渡欧した時のことである。「ドイツに行くんなら岩塩を買ってきて」と常連のカナザワさんが言う。来る度に強要するのでその気になって、フランクフルト近郊に住む息子一家のところへ向かったのはいいのだが、ドイツに行けばどこにでも売っているだろうと高をくくっていたのが間違い、嫁さんに聞いても知らないと言う。

そこでデパートやスーパーそれに食料品店に行くたびに「岩塩ありますか?」を繰り返すのだが全て「ナイン!」である。さら、そうなるとカナザワさんとの約束がプレッシャーになって、少々あわてることになる。スイスに足を伸ばした際もまずはスーパーに出掛けて塩売場へ直行。スイスは山国だからと期待していたものの、あるのは海のものばかり。思い余ってある日電車で隣に座った女性に「岩塩を探しているのだが」と言ったところ「アルプス近くのミュンヘンだったらあるのでは?」との答え。まさか岩塩のためだけに数百キロ離れたミュンヘンに飛ぶわけにはいかない。

あきらめかけた頃寄ったフランクフルトのデパートで「ロックザルツ」を見つけた時は、小踊りして買った次第。この岩塩、小豆の半分くらいの大きさの結晶でミル用である。仕方なくミルまで買うはめになってしまった。その後もさがしてみたものの、みつからなかったのは、ドイツでも海のものが中心であることの証拠だ。

帰国してからも探したが、ハーブなどを加えた加工した岩塩はかなり多く出まわっているが、これがべらぼうに高い。そんな中、氷砂糖状の、とりたてのような岩塩をみつけた。産地は内モンゴル自治区で割安である。原状では使えないので、これを水に溶かし、時間をかけて煮詰めると細かい結晶の塩が誕生する。できたものは純白ではなく、うす汚れた感じだが、輸入先に問い合せたところ、海の中だった頃の海草が入っているためとの答えである。ミネラルたっぷりだし、なかなかおいしい塩ができたと満足している。

3　竹串と備長炭

献立のメインがやきとりだから、毎日の仕込みは串刺しが中心となる。串は竹製で数種類を使い分けしている。はさみやき、とり皮、砂肝、うずら玉子などは一五センチの丸串を使う。どこでも見かける普通サイズのものだ。一般家庭ではあまり使わない一三センチの平串はレバ、ハツ、つくねそれと手羽先に使う。鳥のレバーはやわらかいので丸串では心もとないためだ。手羽先とつくねは素材の大きさが丁度いいためである。もうひとつは一〇センチの丸串であるが、短くて細いもので銀杏《ぎんなん》専用にしている。これも素材の大きさに合わせているものだ。

先の平串だが、二組の丸串が機械的な大量生産なのに対し、これはハンドメイドである。だから形は整っていないし、時にはささらができていて手を傷つけることがある。

ところでこの竹串は使い捨てではない。食べ終わったものは回収してきれいに洗い、乾かして何回でも使う。これはケチでやっているわけではなく、ひとつには資源を大切にということだが、もうひとつの要因は、何回も使うことでささらの危険がなくなり、スムーズな作業ができることである。

新品の竹串は、先が割れたりしていると作業中に指にささったりして痛い思いをするほか、作業が中断するので厄介だ。そこへいくと何回も使ったものはスムーズで安心して串刺しができるのだ。

この他の串といえば、金串がある。用意しているのは一五センチの平串と魚などを焼く時に使う三五センチの丸串である。平串は日替わりメニューで出すウインナー焼きに使う。ウインナーソーセージとパプリカを交互に串に刺して供する。長い丸串は魚などを焼く時に使い、当然のことながら抜きとって供することになる。

以上さまざまな串について触れたが、串刺しで最も大切なことは素材の厚さと巾をそれぞれ揃えることである。このことで熱の通りが均等になって焼きむらがなくなるのである。だから、串刺しは漫然としていては駄目で、常に焼く時のことを考え、焼きの仕上がりのことを念頭に置いておかねばならない。

さて、串刺しができて次は焼きである。焼く熱源は備長炭だ。

まずは備長炭の名称の由来。昔の国である備前備中備後には全く関係なく、紀州の備中屋長兵衛という人が開発したもので氏と名から一字取って備長炭《ビンチョウ》と呼んだものである。

備長炭は、和歌山県に自生し県木にもなっている馬目樫《ウバメガシ》を原料にして、かまの中で消火するのではなく、真赤に焼けた状態でかまの外に出し、砂をかけて消火するという独特の製法で焼いたもの。本炭の中でも最上級のもので、備長炭を使っている店は、和歌山県木炭移出協議会の「紀州備長炭使用店」という立派な看板がもらえる。

この備長炭は、次のようなさまざまな優れた特長を持っている。

・火力が強い。だから焼き物の芯まで早く火が通り、柔らかく焼ける。

・炎が立たない。柔らかい炭ほど炎が立つ。松や杉の炭などを重ねて使うと、燃えているように炎が立ち、物が焼けないうちに表面がこげてしまう。

・焼き物にうまみが出る。早く焼ける上に、炭から出る微量の一酸化炭素とアルカリ性の灰が焼き物に付着して、いわゆる〝うまみ〟を出してくれる。

・火つきがよく火持ちもよい。堅炭は火持ちがよいのは当然だが、備長炭は火つきがよいので扱い易い。またはぜることがない。

・温度の高低を使い分けられる。渋うちわであおぐことで高温、黙っていれば低温と温度の調節ができる。

以上が備長炭の良いところであるが、備長炭に限らず、炭一般のもつ厄介なところがいいくつかある。

まず第一に、ガスや電気の熱源にくらべて扱いが極めて不便なことである。ガスや電気なら点火すれば間もなく焼ける状態が作れるが、炭火の場合は、まずガス台に金網を置きその上で炭に火をつけおこす。一五分ぐらいかけておこった炭を火床に移す。これですぐ焼けるわけではなく、さらに一五分ぐらいして完全に火床が熱してからでないとうまく焼けないのだ。

また、ガスや電気の場合は、お客が途切れたらコックを締めるかスイッチを切ればいいし、お客が来たらまたつければ足りる。ところが炭火では、一旦火が消えてしまうと先に書いた通りのことを繰り返さないといけないので、火を消さないように常時炭をつけていないといけないのだ。

炭火が大変なのはこれだけではない。さらに面倒なのは、仕事が終わったあとである。おこった炭火をとり出して火消しつぼに入れ、火床に溜まった灰をとり出し、周辺に散っている灰も拭きとるという辛気くさい作業があるのだ。だから「火を落とします」と残っているお客さんに宣言して、先の作業が終わると大きな区切りができて心からホッとする。

もうひとつは他と比べて割高だということである。今でこそ安定したし代替の併用品などもできていて安定しているが、二〇年ぐらい前は品薄で、半年に一度ぐらいの頻度で値上がりして、どうなるかと思ったものだ。

炭火のことを書いたついでに、これにかかわる道具についても触れておこう。まず火床で火をおこすが、ガス台で火をつけた炭を火床に入れたり、火床から炭を取り出すのには火ばさみと十能が必要で、火を消すための火消しつぼも不可欠だ。これら全て、今では普通の生活には不必要なものばかりで、若い人達の中にはこれらの道具の名称も機能も知らない人が多くなっている。

4 つきだしとレギュラーメニュー

つきだしの語源がわからない。料理屋などで、酒の肴として最初に出す、ちょっとした料理、お通しともいうと辞典には書いてあるが、どうしてそれがつきだしという言葉になったのかの説明はない。お客の注文もなしに、店の方から勝手につきだすのでそういうのだろうか。

そのつきだしだが、当初は毎日同じもので通そうと思い、とり皮のからし和えを毎日のつきだしにしたのだが、徐々に常連が増え、その常連が週に二度、三度と来店するようになると、お客さんの方は「またか！」ということになるし、当方としても毎回同じ物では気がひけるようになり、結局以降は原則毎日違うものを出すようにしている。

冷奴、煮豆腐、わかめ酢、もやし炒め、キムチ、オイキムチ、マカロニ、白滝、そうめん、柿の種、キャベツマリネなどなどである。その日の気分と思いつきでアイテムを決めるのだが、毎日の仕事始めの時やらなければならない小さな決断である。

やきとり屋風情のつきだしなので、凝ったものを期待している人はいないだろうが、外で飲む時などそこのつきだしはよく観察して参考にしている。

つきだしの次は、常時用意しているレギュラーメニューのことである。ここ数年の献立は次の通りである。

おまかせ（六本一皿）、はさみやき、つくね、手羽先、レバー、ハツ、砂肝、うずら玉子、とり皮、椎茸、ねぎ、ししとう、ぎんなん、

以上が焼き物で、

冷奴、おろし納豆、大根おろし、納豆、わかめ酢、おにぎり、みそ汁、が焼き物以外のもので、これらは値段をつけて壁に表示している。

さて、本業のやきとりであるが、最初のはさみやきは、とりのもも肉とねぎを交互に串に刺したもので、胸肉を使うところもあるようだが、ももの方がコクがあるので皮つきで使っている。別称ねぎまであるが、横浜に住む友人のミタニ君によれば当地ではねぎにくと称しているようだが、ごく一般的な串だ。

レバーとハツという外国語に慣れているが、日本語で言えば肝臓と心臓である。言葉などというのは慣れ親しんでいるものがいいようで、メニューに肝臓とか心臓と書いていたら売れるものも売れないのではないか。なかには逃げ帰る人もいるかも知れない。

レバーとハツは一体だが、ハツは重量からするとレバーの十分の一ぐらいで、一キロのレバーは十五羽か十六羽分である。ハツは一串二羽分を刺すので、一キロのレバーからできるハツの串は七本か八本に過ぎない。とりのハツは知る人ぞ知る、なかなかの珍味で、ファンが多いのだが、なにしろ数がとれないので常に品不足で、早い時間に売り切れることが多い。

砂肝はとりの胃袋で、サクサクとした食感を好むファンは多い。とりの場合、生で食べられる部位は少なく、笹身とこの砂肝だけと言われている。しかし、砂肝の刺身は商品として出したことはなく、私自身も試食したことがあるくらいだ。甘味もありクセもないがのだが、商品として出すについては少々引けるものがある。女性で砂肝が好きな人は少ないが、ある出版社の女性社員は砂肝大好き人間。来ると必ず五、六串はたいらげる。そこで筆者がつけたあだ名が「砂肝の君」である。

手羽先は大きなものを選び一ケ一串としている。切り開いて五角形になったものに串を刺すので、割合短時間で焼き上げることができる。手羽先の串は肉に皮と骨がついていて、皮のうまみと骨のズイから出るエキスがうまみを倍化して、なかなか美味なものである。

とり皮はタレ塩どちらでもよいが、いずれもよく焼いてカリカリ状になったものを好む人が多い。店ではいったん湯がいて、余計についている脂や芥を除いてから串刺しているので、生のまま焼くよりは若干上品に仕上ると思っている。

とり皮は湯がいて掃除をするものの、これも含めて前述したものは素材そのものを刻んで串にしたものだが、唯一加工するものがある。つくねである。

やきとり屋で店の特長を出せるものの一つがつくねだ。挽肉を捏ねて作るところから

「つくね」と称しているが、店ではとり挽肉と玉葱のみじん切りと玉子、それに塩少々とサンショウを入れて捏ね、これを油で揚げている。これも赤坂の「鳥上」直伝のもので、妻の専管事項である。

いずれにしても、やきとりなどというものは、素材と焼き方で味が決まるもので、しかも焼きたてを最上とする。女性などは注文したものが焼き上がっても、格好をつけるのか、なかなか口にしない人もいるが、やきとり屋で気どってどうしようというのだ。熱いところで串にかぶりつくにかぎる。

5　日替わりメニュー

やきとり屋なのだから、うまいやきとりを出しておけば繁昌間違いなしとスタートしたものの、半年一年と過ぎ、ボチボチ常連が増えてくると、「またやきとりか」とうんざりする人が増え、かといって、毎回冷奴やお新香でも意気が揚がらない。当然の成り行きとして「何か目新しいものない?」となる。

お客さんのニーズに応えるのが商売の要諦、ならばというわけで、その頃から二点ないし三点の日替わりメニューの登場となった次第だ。当初はこれを短冊型のお品書きに墨汁で筆書きしていたのだが、かなり面倒なので最近はホワイトボードで代用している。

いつの頃からか、常連客は百人が百人、入店するとまずこの日替わりメニューを見てから座ることになっている。時には端から端まで常連客オンパレードとなると悲惨である。またたく間に日替わりが売り切れとなってしまい、そして当然の帰結としてやきとりは在庫の山となる。

さて、日替わりメニューを選ぶについては、次のことを原則としている。

・できるだけ旬のものを選ぶ
・魚介類を中心とする
・珍しく目新しいものをさがす
・価格は高くても四〇〇円台、できれば三〇〇円台とする

食べ物に季節感がなくなったと言われて久しい。とくに野菜はなんでも一年中手にすることができるので、なす、きゅうり、トマトが夏の野菜であることを知らない子供もいるそうだ。温室栽培だけでなく、南半球からの輸入の増大がそうさせている。

そこへいくと、魚の方は、全て養殖というわけにはいかないので、野菜よりは旬のものがみつけ易い。魚といっても、高級魚が似合う店ではないので、もっぱらいわしやさば、あじなど大衆魚が中心になる。なかでも初夏から秋にかけてのいわしとあじは欠かせない材料である。

いわしもさまざまだが、九十九里近くで育ったこともあり、せぐろいわしの刺身と同じく、せぐろのごま漬けは評判のいいものの右翼である。まいわしの刺身もあるが、せぐろの場合ははまいわしよりさっぱり味で、手でしごいて三枚にして、しょうが醤油で食するのだが、日本酒にぴったりの肴になる。ごま漬けは九十九里浜で漬け込んだものを築地で仕入れるのだが、頭をとって、せん切りにしたしょうがと黒ゴマをまぶして酢漬けにしたもの。そのまま中骨もいっしょに食べるのもよいが、中骨を外して、長葱のせん切りやカイワレをまぜた和風マリネに加工してもおいしい。

あじは、たたきと昆布シメとなめろうが主流だ。たたきと昆布しめはどこでもやる料理だが、なめろうは千葉県の漁師料理といわれており、自宅での酒の肴にもするくらい、筆者自身も好きなものの一つである。三枚におろして皮を引き、腹骨を除いたものを包丁でたたいてミンチにし、それに長葱としょうがが、大葉などを入れてよくたたきまぜる。

それに適量の味噌をませてできあがり。そのままでもちろん上等な肴だが、できあがったものを皿にのばし、包丁で二センチ角の碁盤目を作り、これに酢をそそいで二、三時間して食するのが「アジのたたきなます」で、日本酒にとっては絶好の肴となること請け合い。

「完本・居酒屋大全」(太田和房著・小学館文庫)によれば、居酒屋料理のベストテンとして次のものをあげている。(1)塩辛(2)タコぶつ(3)冷奴(4)丸干(5)煮込(6)ネギぬた(7)シメ鯖(8)マグロ納豆(9)ギンナン(10)クサヤ

以上の中でメニューとして出したことのないのは、シメ鯖とクサヤだけで、いかの塩辛は殆ど毎週造っている。真いかを使用し、酒少々と塩だけの極めて簡単なものだが、一位になっているだけあって根強い支持がある。

秋から冬にかけてはやはり暖かいものが好まれるので日替わりも汁ものがふえる。きのこ汁、スタミナ煮込、ブリ大根、つみれ大根煮などなどだが、友人のカンザキ君が来合わせると必ずお替りをする一品に、手羽先大根煮がある。

大根を手羽先よりやや大きめの乱切りにして煮る一方、手羽先を空炒めしてこげ目をつけ、うまみが逃げないようにまた煮崩れないようにしたものを加え、酒と塩、みりん

と醤油で味付けをする。一時間半から二時間煮込んでできあがりだ。手羽先と大根の相性は抜群にいいようだ。

珍しいものを探すといっても、今のように全国の、そして全世界の食材が集まり、その情報があふれている中ではなかなかむつかしい。その上値段とも相談しないといけないので、珍味さがしは更に困難になる。そんな中で、今までに扱ったことのあるものを思い出すと次のようなものがある。

ごり、めひかり、しろうお、ながらみ、ぎばさ、生落花生、ひしの実、むかご、とんぶり、浜納豆などであるが、これらは少しは珍しさはあるものの、産地ではあたり前の食材であろうし、全国的にも知る人は結構多いのではないか。つまり、本物の珍品などなかなかみつからないといえるのではないか。

珍しいものに浜納豆を加えたが、普通の納豆はいろいろなものと和えることができるので、目先を変える一品として便利なものだ。まぐろ、いか、たこ、大根おろし、おくら、山芋、とんぶりなどだが、この他にも豆腐やチーズなどもある。つまりなんでも和えれば○○納豆と称する一品とすることができるのだ。

値段のことである。やきとり以外の普通メニューは全て三〇〇円台である。大衆的な居酒屋としてはリーズナブルなものだろう。日替わりメニューの値段もこの延長線上にあり、大半は三〇〇円台としている。

こうして日々工夫しているつもりの日替わりメニューであるが、これもまたマンネリになる危険が常に隣合わせており、入ってきた時の常連の目を気にする日々がこれからも続くのだろう。

6　山菜考　その一

筆者の山菜採り生活は毎年正月から始まる。暮の休みに九十九里近くの親戚に行き、屋敷の周りにあるフキノトウを採ってきて、正月の酒の肴として愉しむのだ。ノブキのそれではないが、それでもほろ苦さと強い香りは初春を迎えるのにふさわしい肴として絶品だ。

ノブキのとう程苦み香りは強くないが、大ぶりだし扱い易いのがありがたい。大きいものは二つか四つに割って湯がき、ざく切りにして鰹節と醤油で食べるのが最も簡単で、野趣がある食べ方である。

それでは料理といえないので、店では若干手を加え「フキノトウのみそ炒め」として出している。さっと湯にくぐらせから水気を切ってざっと切り、これを軽く炒めておかかを入れ少量のみりんとみそで和えるのだ。出す時にいりごまと指先でつぶして少しふりかけてできあがり。田舎の料理としてかすかに憶えていた一品である。造るときはいつも、売り切れるのを期待する一方、売れ残ったら自家用で楽しもうと思ったりするのが常である。

寒さの厳しい二月も終わり、少しずつ陽射しも明るさを増してくると、山菜を採るのも食べるのも大好きな身としては、毎週末が待ち遠しくなる。

住まいの近くでまず顔を出すのがカラシナである。これは栽培物の種子が飛んで自生し年々忘れずに濃くて元気な緑の葉を出してくる。荒川やその支流ではかなり広い範囲でみられ、枯草一帯の中の濃い緑だからすぐ見つかる。四、五センチに切り揃えてざるにならべて熱湯をかける。そのままさまして塩を振り、軽い重しで一夜漬けのできあがりである。ツーンと鼻にくるかなりの辛味が身上で、酒の肴にはもちろん、ごはんのおかずにも上等。

そうこうするうちに、同じ荒川の土手にノカンゾウが芽吹いてくる。これはあまり大きくなると駄目で、せいぜい五センチぐらいまでがよい。しかしこのノカンゾウ、カラシナと違って色が薄い黄緑で、その上前年の枯草にかくれているので、相当のベテランでないとみつけるのがむつかしい。荒川を含めて四、五ヶ所の群生地を知っているので、こっそり採りにいってひとり悦に入っている。

食べ方はおひたしかぬたぐらいだが、早春らしい黄緑の色とほのかな甘みを愉しみたいものだ。

土手を下りてたんぼに行くと、タゼリにはまだ早いようで、小さな芽がまだ泥から顔を出したばかりだ。翌週行くとまだ小さいものの、なんとか形になっているので摘む。栽培しているセリは年中出まわっているが、香りの強さやほろ苦さはタゼリに軍配があがる。おひたしかごま和えだが、鰹節とだし醤油のおひたしの方が素朴でよい。

風は少し冷たいが、再び土手に出てみよう。ところによっては、足の踏み場もないほど繁っているノビルを見ることができる。葉を見るとまだ細いし頼りない風情だ。中でも少しは大きいところに園芸用のスコップをさし込んで、根ごと引き抜く。球根を見るとまだ大豆の大きさだ。小さいのは米粒大だから用にたたない。

大きめのものを選んで、その場で粗づくりをするのだがこれが大変、泥を落とし外側の堅い葉をはがし、根と緑の部分を切り離す。これを持って帰って料理するのだが、フキノトウと同じようにみそ炒めがおいしい。山菜はなんでも油とみその相性がいいようだ。小さなラッキョウぐらいの大きさになったら、生のみそをつけて囓るのが山菜らしい食べ方だ。

この頃、川の土手にかぎらずどこでも顔を出すのがツクシ（土筆）である。採るのは簡単だし、いくらでもあるのだが、食べるためには茎についている三、四ケの袴を除かないといけない。これがなかなか辛気くさい仕事で、湯がくとぺちゃんとなって、ボリューム感がなくなる。炒めてもよいのだが、二、三度メニューにあげたものの、あまり評判がよくなくこのところ見限っている。なにかと和えることも考えられるので、今後の課題としておこう。

7　山菜考　その二

住まいが埼玉県の西部に位置していて、割り合い近いところ、電車で三〇分も乗れば、まだまだなつかしい里山風景に出会うことができる。奥武蔵と外秩父地方の中間ぐらいで、この辺に筆者だけの秘密の場所を二ヶ所持っている。低い山がせまり、近くにはきれいな小川が流れ、その両側にたんぼが広がっている。遠く民家も点在するが、車などの喧騒からは隔絶されている。普段大都会の中心にいる身にとっては、そこに佇むだけでいやされるような気になる。

山際の雑木が芽吹き、空がどんより曇った日など、薄緑になった川岸に寝ころがって目をつぶったら、世界中に広がる民族紛争やテロリズム、不況の極にあるわが国と店の経済のことなど、たちまちにして霧消すること請け合いである。

そんな里山の中に身を置くだけで幸せなのに、なんとそこここにいろいろな山菜があるのだからこたえられない。

きれいな水が流れる小川を見るとクレソンが所狭しと繁っている。アブラナ科で、オランダガランとの別称のある帰化植物クレソンは、生で食べると、新鮮な香り、あっさりした辛みや苦みが口の中に拡がる。西洋料理のツマとしてはなくてはならないものである。おひたしもよく、一夜漬けもよいが、やはり生のものにドレッシングして食べるのが最上だろう。

なにしろ一面を埋めつくして生えているので、大量に採るのも簡単だ。採ったものはすぐ近くにある用水掘に運んで、ゴミを除き洗ってきれいにする。ひと仕事を終え、腰を伸ばしたところで、静かな水面を眺めながら、持ってきた缶ビールを開けおにぎりをパクつく。至福の一時である。

翌日の日替わりメニューには「クレソンのサラダ」と麗々しく書き出される。多くのお客さんは最初はビールなので、ぴったりの肴として注文が相次ぐという寸法である。きれいに洗って二、三センチに切り、これにハムを加えてドレッシングするという、極めつけの簡単なものだが、おとなの味として推賞できる一品である。

クレソンを洗った用水堀の土手や小川の岸辺にはノブキが群生している。次はノブキを採ることにしよう。これを扱うとあくで手が真黒になるので、ビニールの手袋を用意したほうがよかろう。引き抜くのではなく、根を残すように、ナイフで茎の元を切って採ることにしよう。これも群生しているので、たちまち必要量を摘むことができる。その場で葉の部分を落として持ちかえる。

若いうちは皮をむく必要はなく、四センチぐらいに切り揃えて湯がき、水にとって洗ってから改めて煮る。酒と醤油だけの味付けが正道だろうが、大衆向けをねらうのなら、これにみりんを少々加えるとよい。栽培物の大きなフキにない、おとなの味が堪能できるし、日本の春の貴重な贈り物であることを実感するはずだ。

ある春のこと。めずらしく、妻をさそって山菜採りに行ったときのことである。予定していたものを採り終え、林の切れるところで弁当をしている時、ふと目を畑の端にやると、五、六本の、濃い緑の細い草が手招きしているのだ。なつかしものをみつけたように、弁当をそこに置いて見にいくと、なんとそれは、今までさがし求めていながら、一度も遭遇していないアサツキではないか。特にめずらしい山菜ではないのだが、さがし求めたあこがれの春に逢ったような、豊かな気持ちになったことを憶えている。量が少なかったので、自家の試食用に冷奴の薬味として使ったきりである。辛みも少なく、香りもおだやかで、山菜としては高級品、と山菜の本にある。

自分で採ってメニューにあげるものは、大体以上のようなところだが、常連のお客さんや知人からもらってメニューにしたものも多い。山菜とはいえないが、秋田出身のコヤノさんにもらったギバサは珍しいものの筆頭だろう。海草で、一見するととても食するものとは思えない代物で、ホウキグサを黒くして海草にしたような姿である。ところが、これを洗ってざく切りにして酢の物にすると、モズクなどにない食感とうまみが残る一品である。

コゴミはごく一般的な山菜だが、筆者自身は採ったことはなく、兵庫県は丹波地方に住む義妹が送ってくれたものを、標準的なごま和えにするとなかなかの評判である。

新潟出身のヨリキさんから、山菜の一方の雄として知られるネマガリダケをもらったことがある。造り方も料理の仕方も教えてもらったのだが、かつお風味の薄味の煮付けは、経験した中でも肴として一、二位の地位を占めるものとして記憶に残っている。

早春から初夏にかけて、築地の八百屋では、季節と産地によって次々に入荷する山菜類で、目がまわるくらいだ。

ヤマウド、タラノメ、ミズ、カタクリ、ギョウジャニンニク、ウルイ、ジュンサイ、シオデ、ムカゴなどなどである。それぞれ一度や二度はメニューにのせたことがあるが、だんだん高価なものになって、今ではなかなかとり入れられないでいる。やはり、自分でさがして摘んだものを料理して出すのが一番だと自覚している。馳走の語意もそこにあるようだから。

8 値段

一九七七年十二月開業である。

そのとき配ったチラシが残っている。それに書かれているメニューを見ると次の通りである。下は平成一五年（二〇〇三年）現在のもの。

酒	一八〇円	三三〇円
ビール	二八〇円	四八〇円
ボトル	三、九〇〇円	四、八〇〇円
手羽先	一五〇円	一五〇円
つくね	一二〇円	一四〇円
はさみやき	一二〇円	一四〇円
すなぎも	一〇〇円	一四〇円
ぎんなん	一〇〇円	一三〇円

かわ	八〇円	一三〇円
ればʼ	八〇円	一四〇円
ねぎ	八〇円	八〇円
ししとう	八〇円	八〇円
お新香	一二〇円	二五〇円
しらすおろし	一五〇円	三三〇円
わかめ酢	一五〇円	三三〇円

一見してかなり安い。あたり前である。なにしろ四半世紀前のことなのだから。いまの値段とくらべると二倍以上になっているものもあるし、五割高のものもある中で、なんと驚くなかれ、二五年間値上げをしなかったものがある。手羽先一五〇円、ねぎ八〇円、ししとう八〇円の三点である。

物価の優等生といわれている鶏卵と並び称されるぐらいの立派さであると自賛したい。それならば、なぜ二五年間も値上げをしなかったのかを検証してみよう。

まず三点とも串焼きで、しかも当時も今も一番高いものと一番安いものである。

実のところをいうと、とり肉は鶏卵と同じく物価の優等生で、開業当初から殆ど値上がりしていないのだ。だから家賃を始めとした経費の値上がりがなければ、あえて値上げをしなくてもやって来れたはず。ところが家賃は契約更新の二年毎に確実にアップしたし（最近は据置）、その他の物価も値上がりするので、それらに伴って原価が変わらなくても経費増に伴って値上げせざるを得なかったのだ。

しかし、串の中で一番高い手羽先を値上げしてしまうと、他のものをつられて高くしないとバランスがとれないので、我慢して踏みとどまったのが実情である。その代り、皮、レバ、砂肝の八〇円を全て値上げしてバランスをとったものだ。

野菜は天候次第で値段が大きく変動する宿命があり、一〇〇円だったものが一週間後には二〇〇円や三〇〇円になることなどざらである。しかし、長いスパンで見ればねぎ、ししというの原価はさして変わっていないし、どう考えても、五センチぐらいのネギを四個つけた串の値段を八〇円以上にするのは、どうしても抵抗があって据え置いたもの。

手羽先もねぎもししとうも、串にしたもので、いってみれば、やきとり屋の中心メニューだから、できるだけ抑えようとした心理もあったように思う。現にやきもの以外のものは倍以上になっているものも少なくない。

ビールや酒の値段は、その店の基本的なスタンスを示すもので、大衆居酒屋としては、また酒好きの筆者としては、飲みものはできるだけ抑えておこうという心意気はあったのだが、いかんせん、日本国政府は時々思いついて酒税のアップを続けてきており、これには抗し切れず値上げをした歴史がある。若干便乗したきらいなきにしもあらずだが、これは勘弁してもらえる範囲だと思っている。

いずれにしても、値上げをするのは心理的にかなりしんどい仕事である。長い間その値段で、お客さんとの安定していた関係を、あるいは反感、不信に追いやる危険があるからだ。だから、値上げをするのには、酒税アップや極端な物価上昇、急激な給与アップなど、値上げを正当づける原因がないとむつかしい。こうして、開業以来二五年間で、五、六回の値上げをしたことになろうか。

9　里山異聞

再び山菜にまつわることだが、ここでは春の里山での体験を述べたい。

ある春、そう三月下旬頃か、そろそろクレソンが摘めるだろうと思い立ち、勝手知った里山へ出かけたことである。そこはある私鉄の駅から歩いて二〇分ぐらいのところにある。家並みの多い駅前を抜け、だらだらの上り坂を行くと、少しずつ家並みはまばらになり、やがて奥武蔵の山の麓にたどりつく。人家はそこで途切れて道もあとは山道になるところに、清冽な水が流れる小川があり、両岸にクレソンが繁茂している。

状態のいいクレソンを摘んでいると、近所の人とおぼしき老人(筆者もそうだが)が来て、小さな手網を持って何かを獲ろうとしている。思わず問いかけたのだが、以下はその時のやりとりである。

「なにを獲っているんですか」

「メダカですョ、メダカ」

「へー! メダカがいるんですか」

「そう、この流れは落差があって、大雨が降ったりするとメダカがみな流されてしまうんですョ。だからこうして獲って水槽に入れておいて、水が落ち着いたら返すんですョ」

「そうなんですか、なるほどすぐ下に一メートルぐらいの落差がありますもんね」

というわけで、その人は次々にメダカを小さなバケツに入れ、見ると一〇尾ぐらいが元気にしている。

さらに、朴訥な語り口のその人との会話は続く。

「ほらそこにカワニナが見えるでしょ、小さな細長い巻貝ですョ」

「ああ、いっぱいいますネ」

「ホタルの幼虫があのカワニナを食べて育つんですよ。夏はこの辺ホタルがいっぱい飛んできれいですョ」

「いいなあー！　水も空気もきれいなんですね、この辺は。あッ！　あの小さな魚はなんですか。ハゼに似ていますが」

「あれは○○ですョ（聞き忘れた）」

「ほらそこにサワガニがいるでしょう」

「ああ、ほんと。いますネ」

水面を見ると、ミズスマシやアメンボーも気持ちよさそうに浮いているではないか。クレソンをはじめさまざまな水草に囲まれて、そこにはひとつの小宇宙が確実に存在しているのだ。

長閑な会話とゆっくり流れる時間が、そこにはあって、心洗われるひとときを過ごすことができた。

若草が萌え、木々が芽ぶく頃は里山全体がパステル調になって、少し暖かくなった陽光の中を散策するのは、何にもかえ難い楽しみである。

メニューを中心に書いてきた中に、里山の春などが入ってしまったが、山菜の蛇足としてお許し願いたい。

第五章

四字熟語に見る居酒屋の四季

諺とか名言、金言、箴言などは長いこと多くの人びとに練られてきたものだけに、会話などでもタイミングよく挿入されると、極めて効果的に真意を伝えたり説得の手段となる。また、ＴＰＯをわきまえて話したりすると、なにかこう、教養あり気に思われるものである。

一時期流行って、次々に類似本が出版された四字熟語もまた同じような特性を持っている。やはり長い歴史の中で捨象され、脈々と歩き続けた言葉の重みがあり、熟しているだけに多くの共感を呼ぶのだろう。

四字熟語はよく読むと、人生の指針を示すものが多く、人間の智恵の集積された感じさえある。更にその淵源や出典を読むことにより中国の古事の勉強にもなる。

しがない居酒屋風情が、四字熟語の講釈などできるわけのものでもないが、最近筆者が気に入っている熟語は「巣林一枝」である。鳥は沢山木のある林の中に巣を作っても、その中の一本の枝しか使わない。分相応のもので満足する。つまり「知足安分」。欲深さはいけない、足るを知ることが大切という意味である。近松門左衛門は巣林子と号した由。なんと奥床しいことか。

もっとも筆者などは、どんなに頑張っても大きな家など持つことはできないし、ぜいたくな生活など望むべくもないので、負け犬のようにあきらめの境地で、巣林一枝ととなえているだけである。

この章で使っている四字熟語の意味や解説は「四字熟語の辞典」(真藤建志郎著・日本実業出版社)から引いた。

1 にぎやかな酒

酒の飲み方は人さまざまである。ひとり静かに愉しむ人もいれば、反対にだれかと話しながらでないと酒が進まない人もいる。

もっとも、ひとり静かな酒も、時と場所を得ると、とたんに饒舌になる場合があるので、静かな酒とか賑やかな酒と簡単に仕分けすることはできない。

酒はすべからく陽気に飲みたいものだが、これが放歌高吟になったり、むやみに声高の議論になったりすると、折角落ち着いて飲もうとしているお客さんの迷惑になってしまう。

常連たちの中に、かなり大声で話す人が何人かいる。この人達も、入ってくるなり大声で話し出すわけではなく、酒が進むにつれ、話がはずむにつれて声が大きくなるのだ。声の大きな人の代表が「いな鳥会」（常連の会）の会長であるタカハシさんだ。この人、声が大きいというのは正確ではなく、笑い声が極端に高いのである。けたたましいのである。それも、今まで静かに話していたのが、「ガハハハ…」と一度高笑いが始まるともう止まらない。話し声が大きいのではなく、話途中に入る「ガハハハ…」が高いのだ。

小さな店なので、満員といっても十五、六人、全員に届く笑い声だ。近くの会社の人から「タカハシさん、会社まで聞こえたョ」と入りしなにからかわれたこともあるくらい、外まで響くらしいのだ。その上酒が進むにつれて、この「ガハハハ…」の間隔が短くなるから、四六時中笑い声が店中に響き亘ることになる。

しかし、このタカハシさんは常識人でもあるので、暫くすると、自分の笑い声が高いのに気付いて、これはまずいとばかり少しは静かになる。しかし何分にも酒の席のこと、間もなく忘れてまた大きくなる。この繰り返しである。

こんな繰り返しのあと「マスター、うるさい?」と聞いてくる。このタカハシさんは無類の気配り人間でもあるのだ。常に他のお客さんの迷惑にならないよう気を付けてはいる。あまり気を遣うものだから「タカハシさんはお客さんだから、そんなに気を遣わなくてもいいョ」と当方が気配りするくらいだ。

そうこうするうちに、笑いの間隔が徐々に長くなり、やがて静かになっていく。この笑い声、相手が要るわけで、たいていの場合会社の部下達だ。この人達、最初のうちは静かにしているのだが、途中からは、上司に逆らうのは悪いとばかりに合わせるので、その席の声が倍化されるのだ。

タカハシさんが相手の話を受けて高笑いするのに反し、筆者の高校時代からの友人であるカンザキ君の場合は、自分で自分の言葉に笑うのだ。こういうのは、おかしくて笑うのではなく、自分の言ったことを強調し確認するためのもののようである。「この間、バンカーで大たたきしてしまったョ。四回だ、四回! アッハハハ…」「社長とやり合ってしまってネ。宮仕えはやだネ、アッハハハ…」などである。こう書いただけでは雰囲気が分からないだろうが、話が終わってから大きな声で笑うのは、テレかくしのようだ。その笑い声が大きければ大きい程、テレの度合が大きいのだ。

高笑いに対し地声が大きいのがナカダさんだ。ナカダさんは細身に似合わない大声の持ち主。普段はそう大声ではないのだが、酒が進むにつけ徐々に声が大きくなり、カウンターの二、三人に親しい人がいたりすると、必要以上に大きな声で話しかけたりする。

こんな場合、話しかけられた方はえてして声が小さいものだ。するとナカダさん、相手を挑発するようにますます大声になる。このナカダさんにサンノウマルさんが加わると、店中が大声大会になってしまう。「野中の一軒家じゃないんだから～」といさめても聞かばこそ、大声議論は止みそうもない。

大きな声で関西弁をしゃべりまくるサンノウマルさん、時々吾々関東人にはわからない関西弁でまくしたてるので「ここは日本だ！　正しい日本語でしゃべってくれ」とカウンターの中から注意するのだが、逆に関西弁の解説をしながら大声を楽しんでいる。

蛙鳴蝉噪《あめいせんそう》

蛙や蝉がさわがしく鳴くように、ただやかましいだけの議論。百家争鳴《ひゃっかそうめい》、喧喧諤諤《けんけんがくがく》なども近い意味。

2　ひとの悪口は面白い

酒席の話題はさまざまだ。まず無難なのが食べ物の話。食べ物の話でケンカになることはない。それに、同じ趣味を持つ者同士の遊びの話。ゴルフ、釣り、山登り、スキーなどである。

社会性を持ったニュースなども格好の話題になるが、政治の話になると慨嘆したり悲憤したりが激しいほか、政治的なスタンスが違ったりすると見方が大きく分かれたりするので、酒席ではあまりなじまないかもしれない。共産党員と自民党支持者が、政局や歴史観について話し出したら意見が分かれるのは当然だし、お互いオトナ同士でも議論が高まるにつれ、その時はなんとかうまく納まっても、あと味の悪いものが残る場合がある。

政治の話にかぎらず、話が先鋭化して、カウンターの上の雰囲気がおかしくなりそうな場合、おこがましいことながら、しゃしゃり出て沈静化に務めるのも居酒屋オヤジの役目と心得ている。

もうひとつ、カウンターで話題になるテーマは人物評である。同席している人の評もあるが、多くの場合、そこにいない共通の知人の人物評か、政界や芸能界の著名人を俎上にのせるかである。

サラリーマンの酒席での一番の楽しみは、そこにいない上司の悪口であると常々主張してきた筆者だが、今でもこのことは事実のようだ。しかし、この楽しみは、楽しいに違いないが、あまり嵩ずると苦さが勝ってきて、やがて空しくなるので気をつけたいものである。

とはいうものの、酒席での軽い人物評や人の噂話というものは、おいしい酒の肴になるもので、食傷にならないかぎり、サラリーマンの酒席ではいつまでも続くことだろう。その意味では、奥さん連中の井戸端会議を悪しざまにいってきた男性諸氏は、おおいに反省してもらわないといけない。現代の居酒屋は男性篇井戸端会議ともいえようか。

店での人物評、噂話のターゲットによくなる人物にニシノさんという人がいる。

「ニシノさんの言っていること、さっぱりわからない」

「私など半分も解らない」

「もっと口を大きく開けて、ゆっくり喋ればいいのに」

などなどである。カウンターをはさんでニシノさんと会話する筆者も悪乗りして、

「私も殆ど解らない。でもどういうわけか注文の時だけはすぐ解るんだ」

ニシノさんの言葉のこととなると、常連全員がそれぞれ一家言を持っている。口を大きく開けないで喋り急ぐのが原因ではないか。そんなことを周囲の人々が口を極めて進言するのだが、一向に改善の兆は見えない。

カウンターでよく隣り合うワラシナさんなどは、

「ニシさんの言っていること解らないので、マスター通訳してョ」

と言うのだが、筆者などとてもその役ではないので、

「ワラさんこそニシさんの友達なんだから通訳を頼むョ」

ということになる。そばで、ご本尊はただニヤニヤしているだけである。

このニシノさん、独身生活を愉しんでいるが、家電製品を買い集めるのが好きで、さまざまなものを持っているらしい。これが独身生活だから必要としているのか、いつでも嫁さんを迎える態勢を整えておくためのものなのかを噂するのだから、居酒屋に集まる人種の閑さ加減が分かろうというものだ。

物を集めるのは家電製品にかぎるわけでなく、山登りの際の用具にもそのヘキが出て、一泊程度の山行きでも普通の人の倍ぐらいの荷物を持ってしまい、大きなリュックをフーフー言いながら登る由。

人物評と言えば、生身の人間を俎上にのせるのもよいが、歴史上の人物とか架空の人物について語り合うのは、かなり程度の高い話題である。

年輩のお客さんの中に二、三人の小説好きがいる。小説の登場人物についての評を試みたりしているのを見るとほほえましいものだ。フィクションの場合、登場する人物そのものに対する評価と、それを書いた人の考え方についての推論があったりして、かなりの拡がりがあるものだ。

歴史上の人物についての評価、人物評も生臭さがないので静かな酒によく似合う。しかしこの場合、同じくらいの量の知識を持っている者同士でないと面白くなくなる。知識といっても歴史上の人物の評価も時代によって変わるし、書く人のスタンスによって正反対の評価になることもあるので、この意味ではフィクションとたいして変わらないことになる。

ここまで書いてきて、人の噂話や人の悪口、人物評は人間の本性のものではないかと思えるくらいだ。人間が優れて社会的な生物であることの証左かもしれない。

人物月旦《じんぶつげったん》
人物批評のこと。月旦とは毎月の朔日《ついたち》のことで、中国の古い時代この日に人物評をしたことに由来する。月旦評ともいう。

3　大海を知らない蛙たち

情報化社会とか、国際化社会といわれる現代だから、井戸の中にとじこもっていて大海を見たこともない蛙などいる筈がないと思うのだが、よく見ると視野が狭く、世間を狭くしている人がいるものだ。

ある会社の部長氏、カリにPさんとしておこうか。このPさんはなかなかのやり手である。やり手だからこそ、実績があるからこそ、同期入社の中で最先任の部長なのだが、一方では同僚や部下から敬遠される存在である。はっきりいえば、嫌われているというのが正しいかもしれない。

かつて時々カウンターに顔を見せていた頃も、部下をひきつれてくるのだが、ずけずけものを言うのはよいとしても、反論を許さない一方的なもの言いで、部下からすれば、折角の酒席がお説教の場になってしまい、酒はまずいわ、人前で恥をかくわで、同席の部下は救われない。

カウンターの中から見ていても、なにも居酒屋に来てまで、言うこともなかろうと思えるほどのもの言いである。これを観察するに、Ｐさんは会社における実力のほどを、筆者をはじめ他のお客さんに誇示したいのではないかと思える程だ。

そういえば、サラリーマン時代にもこんなタイプの人達が何人かいたのを思い出す。常に尊大に構え、会社を一人で切り回しているように言いふらす人で、やたら部下を叱ったり、いや味を言って嫌われたりするタイプである。

このタイプの人は、おしなべて実力はあるのだが、自意識が強く独善的で排他的、人格的にもいやなところいっぱいの人である。だからどうしても不人気で、特に部下からは毛嫌いされていることが多く、だれもがアイツの部下にはなりたくないと思っている。

しかし、何分にも実力があり、それ相当の実績があるので、会社としては重用せざるを得ない。日本の社会は伝統的にアイマイを残して、マアマアの部分も多く、会社も人間関係を重視する傾向があるので、会社としても部下との関係の悪い者を引き上げるのに迷うのだろうが、そこはそこ実績こそ最終評価の基準になるわけだ。

さてこのPさんのことに戻そう。Pさんは強引なまでの仕事ぶりではあったものの、実績が認められて取締役に昇進した。重役になると「活殺自在」とばかり、Pさんのやり方は更に厳しいくなり、部下の方はなんとかして時間外だけでも一緒にいたくないので、極力Pさんを避けるようになってきた。

そんなある土曜日のことである。整理する仕事が残ったので店にいるとPさんからの電話である。休日出勤しているのだが、今から行ってもよいかとの問い合せである。当方も休みだし四時を過ぎていたのでOKすると、やってきたが一対一の二人だけ。Pさんの態度がいつもと全く違うのだ。

いつもの肩肘張ったところは全くなく、肩の力も抜けていて、どこにもいる中年の管理職然としている。年齢は筆者の方が十歳ぐらい上なので、いつも一定の敬意をはらった言葉遣いをするのだが、その日はやけにしんみりして、筆者に兄事しているようにさえ見える。そして、

「サラリーマンは疲れるョ。マスターはいいよナー。上下の人間関係もないし」

ときた。こんな言葉をPさんから聞くなど思いもしなかったので驚いていると、「ボクは会社のためによかれと思ってやってきていることが、なかなか部下に通じなくて」

つまり、Pさんは部下の多くから嫌われているのを先刻ご承知だったのだ。いつものPさんの振る舞いからは想像できないことだ。「唯我独尊」的な姿勢で、強引に「牽強付会」してしまうような人が、しんみりと自分をみつめ直しているのである。

これで話が終わると、ごくありふれたことになって、人間みな素直なもので性善説となるのだが、その後のPさんの部下への姿勢は一向に改まることなく、部下の不平もますます大きくなっているのだから解らない。権限を持ち権力に近いところにいると、人事についての発言力も大きくなるもののようで、部下の不安と不満は解消されそうもない。

夜郎自大《やろうじだい》

自分の実力をかえりみず、仲間の中で尊大に構えてみせる小人物のたとえ。夜郎とは漢代にあったひとつの国の名。強大な国の力を知らず、自分の国の力を過信していた。

4　会うは別れのはじめ

人間も六十年以上生きてくると、この間どのくらいの出会いがあったか数え切れないほどだ。小中学校時代の幼なじみから高校大学を通しての学友たち、サラリーマン時代のさまざまな分野の多くの交友、一度だけの出会いの人もあれば、立ち止まって話し合った人達もいる。そしてゆっくりと人生を語り合い心を許し合った親友もいる。

サラリーマン生活に決別し、今の商売を始めてからも数えきれないほどの出会いがあり、親しく友達付き合いをさせてもらっているお客さんも多数になる。ありがたいことである。しかし一方では、多くの別離もあった。お客として来てくれていた会社時代の上司同僚、学生時代の友人の中からも何人かを見送った。同年輩の常連の中にもいる。その墓碑銘を記すと、

三森光通さん

勤めていた会社の常務で、店からそう遠くないところに会社があるので、開店時から

よく足を運んでくれていた。偉大な常識人で静かな酒、店の最年長だったこともあり、多くの常連から慕われていた人である。

開店記念日をよく憶えていてくれて、その時期になると、店内に飾るようにと凧や色紙を贈ってもらったのもなつかしい。

秋田県出身で、当時の県知事と同級生だったのが自慢で、心から郷里を愛した人。明治生まれにしては西洋音楽に造詣が深く、自身バイオリンを弾き作曲も楽しんでいた。また数学も得意で、ときどきカウンター越しに数学の問題を出されて手許が狂ったこともある。

小松晃君

会社時代の同僚。亡くなったとき取締役札幌支店長だった。かなり昔、札幌に出張した時からの交友で、東京に転勤になってからさらに親しく付き合うようになり、酒を酌み交しながら会社の将来について語り合ったものだ。札幌に帰任してからも出張の度に来店してくれていたところ、五〇歳を目前にして急逝、以前から心臓に問題があったのだ。

原田民也君

高校時代の友人。製缶会社の技術者で相模原の工場から東京に出張のたびに同僚や関係会社の人とよく顔を出してくれた。胃癌で倒れたことを知り早速見舞ったのだが、間もなく軽快退院。ところがリンパ腺に転移していて間もなく再び入院。あとは駆け足である。

一旦、退院して仕事に戻った時二人だけで飲んだのだが、会社が必ずしも居心地がよくなく転職も口に出していたことなど、今となっては悲し過ぎる想い出だ。

川崎正夫君

高校時代同じ新聞部に籍を置き、悪いことも一緒にした仲。原田君に遅れること一年ほどで、喉頭癌手術直後に死去。

高校の時から一緒に酒を飲み人生を語り合った仲間だが、不遇な中で育ちながら清々しい生き方で、共産党に入党したはず。会ってもそんな政治向きの話はしなかったが、五〇歳を過ぎて間もない死はさぞ無念だったろう。葬式も終わりしばらくたってから、残された夫人と娘さん二人を店に招き、新聞部の仲間で慰めたことである。

あの世に見送るほかにもさまざまな場面で別離はある。転勤、移住、定年などがそれである。

転勤ではかなりの人々が消えていった。しかし中には帰任してから再び常連になってくれる人もいて心強い。転勤して三年ぐらいした頃。

「帰ってきたョ。また寄らせていただきます」

と挨拶にきてくれる人はうれしい。顔を見て一瞬名前を思い出せないこともあるが、妻とコソコソ話し合っているうちに、不思議なことにどちらかが思い出してホッとする。

そんな中で、ＪＡＬのリマ支店長として転勤したキタムラさんは、任地が極めて危険なところだけに心配していたのだが、当地勤務中、リマ通信と称して現地の事情を報告してくれた。知り合いの人達にも読んでもらって好評だった。

このキタムラさんが支店長の時、東京銀行のリマ支店長がテロに襲われるという事件があったが、キタムラさんはなにもなく無事帰国している。市内を移動の際は武装した警備員二人が同乗する由で、治安のよい我が国のありがたさが分かろうというもの。

お客さんの大部分がサラリーマンなので、定年はつきもの。二〇年以上も商売をしていると、定年を迎えて消えていったお客さんの数はかなり多いはずである。

そんな中で、妻の高校時代の先生であったハラさんは会社が店の近くだったので、妻の同級生と店で落ち合い旧交を温めていた。今では自適の生活を楽しんでいるが、用事があって都心に出てくる時は寄ってくれて、知り合いとの交流を続けている。定年後も、完全に引きこもるのではなく、用事を作ってでも外出した方がいいようである。

会者定離《えしゃじょうり》
会う者には必ず別離があるということ。世の無常という言葉。会うのは別れの始め。生者必滅。

5　いい加減にせんかい！

店には毎夜、さまざまな人達が集まり、さまざまな会話を楽しみ、さまざまな人間模様を織りなして帰っていく。

ある日のことである。カウンターが一杯になったあと、二人組と三人組が同時にご入来である。この計五人はお互いに顔見知りなので、畳の部屋の合席をお願いした。高齢化が進んでいるお客が多い中で、比較的若い部類に入る人達である。

どんな話題だったのかかなり盛り上がっていたが、そうこうするうち、近くのフランスの証券会社に勤めるタネイチさんがいなくなって、間もなく帰ってきた。見ると手に赤ワインを持っている。持ち込みで飲ませてくれと言うのだ。これまでもワイン、ウイスキー他、各地の銘酒などをお土産で持ってきてくれたお客さんはたくさんいた。この場合、私が一旦もらったことにして、お客さんが一段落したあと、知り合いのお客さん中心に少しずつ味見のお裾分けするのを例にしていた。

しかし、この場合はケースが全く違う。持ち込みはやっていないし、やる場合でも一体いくら頂いたらよいか分からない。その時は丁度ピーク時で多忙を極めていた。そこであいまいに「グラスもないし、どうするの？」と言ったのだが、それをOKと受け止めたらしく飲み始め、更に盛り上がっていく。

忙しさに紛れてそのことを忘れていた頃、タネイチさんが再び「マスター、もう一本持ってきていいかな」と言う。ワインの薀蓄を傾けているうち、それならひとつ飲ませてよということになり一本目を持ってきて飲み切ったことのようである。

それを空けてしまったので、もう一本をということになったのだろう。こちらにすればはっきり断っていない弱みはあるものの、持ち込みというシステムはないのだし、メニューにないものを大きな顔で飲まれては、店の沽券にかかわるし、他のお客さんに対し申し開きができない。

その上、最初の一本の時から異常な盛り上がりで、他のお客さんの目も非難めいたものになっている。そこに「もう一本」発言である。虫の居所も悪かったのかもしれない。そこで一喝「駄目だ！　もうルール違反してるんだ！　これ以上何をしようってんだ。いい加減にせんかい！」

満席の店内が一瞬凍りついてしまった。無言、静寂が三、四秒も続いただろうか。事情を知らないお客さんは一体何が起こったのかわからないまま、ポカーンとしている。

「あーあ、おこられてしまった。スイマセン。反省しています」

グループの中の一番若いナカノさんだったと思うが、多少ひょうきんに言ってくれたのでその場が救われた。当方としても納めどころ、落としどころをさがしていたのだ。

暫くすると凍りついた空気もとけて所々方々から会話が戻ってきて一件落着。叱られた五人も少しずつ元気が出てきたようだ。チビチビ飲み直しが始まったがその中から声があり「マスター！　おこられたら喉が乾いてしまった。ビールをください」

それを聞いたカウンターにいた同窓の弁護士のクロキさん、

「マスター！　計算してどなったんじゃないの？　だってビールが売れてるじゃない？」

ときたもんだ。別にそこまで計算したわけではないが、不思議なもので大声でどなると、その自分の大声に刺激されてほんとうに怒ってしまうことがある。少々反省した次第である。

閉店が間近になり、いつもの雰囲気に戻った頃五人組もお勘定。そして一人ひとりが、

「スミマセンデシタ」

と挨拶されたのには参った。当方としても反省していたところだけに、いいトシをしてどなったことがはずかしく挨拶を返すのに困ったことである。

この一件にこりず当の五人はその後も何もなかったようによく来てくれている。

この事件の他にも、お客さんをどなりつけたことや、やり合ったこともあるが、計算づくでやった場合でも、激情に走った場合でも、そのお客さんを失う覚悟をした上のこ

とである。お客さんを失ったこともあり、それを奇貨として今まで以上に親しくなったお客さんもいる。

このトシになると、あまり遠慮ばかりしていないで、自分流で行こうと開き直っているところである。

大喝一声《だいかついっせい》

不心得を注意するための大声で一発しかりつけること。禅宗の言葉で、死者を引導するとき、大きなかけ声で〝喝!〟という。大吼一声。喝を入れる。

6 お客をしくじるとき──その一

開業間もなく常連の会ができ、今でも想い出したように会を開いている。開店の周年記念であったり、筆者の出版記念などの時である。当初からのメンバーはすでに七、八人になっているが、初代の会長におさまったのがKさんといって当時最年長の人であった。

この人はすでに定年を過ぎて嘱託として勤めており、早い時間から来店するのが常だった。最年長でもあり、次々に入ってくるお客さんが定位置のKさんに挨拶するなど、それなりに敬愛されていたのだが、無類の話好き、それもつまらないことでも、むつかしくむつかしく話すへきがあり、徐々に敬遠されるようになったのも自然のことかもしれない。

例えば、政治のことにしても経済のことにしても一家言を持っているように見えても、たいていはその日の朝刊で仕入れたネタや論評を持ってきたもので、自分のネタは殆どないのに、辺り構わず講義調で話すので、聞かされる方はたまらない。

このKさん、七十歳を過ぎた頃からだが、一方通行の講義調の話を、だれかれの境もなくするようになり、ますます敬遠されるようになる。すると、なんとか自分の存在を証明をすべく、おしつけ講義が激しさを増してきて、他のお客さんとの悪循環になってしまう。周囲が辟易して、できるだけ側に近寄らないようになると、なんとかして自分の存在をアッピールするためのさまざまな工夫をするようになった。いわく、近く講演会を開く、いわく、近くアメリカに使節団をつれて行くなどである。ありもしない話である。

それまでも、卒業した大学が次々に変わったことがある。一橋大学卒の人の前では同窓だと言い、中央大卒の人には同門だと言うのだ。一橋（東京商大）卒のある人などKさんの言を真に受けて、卒業者名簿を繰ってみたが見当たらなかったと不思議がっていた。相手に対するサービス精神が嵩じたある種の虚言症かもしれない。

ことほど左様に、かなり出まかせの傾向があった上での存在アッピールが続き、次々に言うことがエスカレートしていった。

「近く協会（ナントカ協会に加入していた）から本を出す。私が殆どまとめたんだ」と言うので、「タイトルは？」「原稿は何枚ぐらい？」と聞くと「……ムニャムニャ」である。

当時筆者は処女出版し、店はもちろん世間でもかなり話題になっていたことから、ある種の対抗意識が馬鹿馬鹿しい嘘をつかせたのではないだろうか。

其の後、アメリカの西海岸のツアーに参加して、帰国してから突然言い出したのが、アメリカ留学の経験があるということである。存在アッピールのためには格好の材料になるのに、今までそのことに一切触れておらず、急な留学経験話である。

このアメリカ留学話は、さすがに他のお客さんには言わず、筆者と二人だけのときだったと思う。嘘に決まっている証拠は、英語がまるで駄目なことである。いつだったか、英語の単語を続けて意味のないことを言っているので、そんな話法はないとたしなめると「むかしはこう言っていたんだョ」ときたもんだ。中世のイギリスへ留学したわけではあるまいしと思い、若気のいたりで、

「どこで何年ぐらい英語を習ったんですか」

と英語で聞いたところ全く理解せず、

「駄目！　全然ダメ！」

と意味不明なことを言う。これ以上の追求は大人気ないとやめたが、すでにその頃から、留学話をすれば周囲の評価を得られるだろうとの思いがあって、希望と現実とが混在していたのではないだろうか。

こんなことが伏線になって、ある日、

「私があの人に言っておいてくれというのを全然伝えてないじゃないか」となじる。筆者は何も聞いていないし、身に憶えがないので、

「なにも聞いていませんョ。事実聞いていないのだから仕方ないでしょう」と言い返した

ところ、

「それが客に対する言葉か！　無礼だ。ママお勘定」

と突然怒り出し、お勘定を済ますと近くにいたモモイさんに、「マスターは無礼だ！」

「傲岸不遜だ」と大声で言いながら帰ったまま、二度と来店していない。

その後Kさんの動静は分からないが少々あと味の悪い最後である。これがお客さんをしくじった最初である。

誇大妄想《こだいもうそう》
実際より大げさに空想して、それを事実のように思い込むこと。常識では考えられないようなことを考えたり、想像したりすること。空中楼閣。

7　お客をしくじるとき──その二

お客さんとのいさかいや、お客をしくじることを書くのはあまり気が進まないが、長い商売の中にはこんなこともあったのだということで、もう少し我慢してお付き合いいただきたい。

小さな店だが、一晩に何十人かのお客さんが来る。大半が常連で、気心が知れているから、そのかぎりでは安心できるのだが、中には調子が外れ、店の雰囲気を著しくこわすような人が現れることがある。店主である筆者のいちばん大きな仕事は、お客さんにいい雰囲気で酒を楽しんでもらうことである。いい雰囲気を維持する義務があると心得ている。

ここにWさんという筆者より五、六歳上の人がいた。チャキチャキの江戸っ子だそうで、無類の話好きである。話好きというより、オシャベリ男と言ったほうがいいかもしれない。

よく酒を飲む時間があると思うぐらい幕なしでしゃべるのだ。

このWさん、座るやいなや、酒が出る前からオシャベリが始まる。一緒に来ている人達は慣れているので、〝馬耳東風〟で適当に相づちを打っている。

そこえ知った顔が入って来るようものなら、ハイエナのごとくそのお客さんをつかまえて放さない。あとは速射砲の連射である。つかまったお客さんこそいい面の皮、面白くもない一方通行の話をなんとか自分の話題にしようと試みるのだが、その努力も二、三秒の命、あとは再びWさんのワンサイドの話題に強引に引っ張られてしまう。

そこへ別の顔見知りが入ってくると、Wさんの目は更に光り輝き、その人にも別の話題をふるのだ。先客とのかけ持ちである。口八丁のWさんのこと、二人くらいのかけ持ちなど朝飯前だ。

こうなると、入ってきてWさんがいると、いかに彼の死角に座を占めるかが、常連客の大問題である。Wさんより早く店に来た場合でも、Wさんがいつも座る席からできるだけ離れたところをさがすことになる。話しかけられても聞こえないふりをしたり、相づちを打たないで、早く話が終わるようにする人がいたりして、Wさんが店にいるかぎり雰囲気はおかしくなるし、筆者も緊張することになる。

ある日のことである。一人で飲んでいたWさん、さすがに私達夫婦相手ではオシャベリもできず、おとなしく飲んでいたところへ、二人連れと三人連れの二組のご入来である。

それぞれのグループがWさんをはさんで席につく。Wさんの目がきらりと光る。獲物をさがしていたのだ。まず二人組にチョッカイをかける。強引に話に割り込むのだが、二人もさるもの、懸命に防いで仲間に入れない。あきらめたわけではないが、それならと反対側の三人組に割り込もうとする。

二人組にしても三人組にしても、複数で来ているということは、何らかの話があってのこと。自分達だけでじっくり話がしたいではないか。そこに大声での無遠慮な割り込みである。それまでもそれとなく注意してきたのだが、ここで堪忍袋の緒が切れた。〝隠忍自重〟もここまでである。

「Wさん、いい加減にしなさい！　どうしてそんなに他人の話に割り込むの！」

それまで筆者がWさんに献上していたニックネームが〝土びんの口〟である。いつも横から口を出すのだ。

さすがにこの一喝でそれまでのオシャベリは止まり、下を向いていたが、やおら勘定を済ませ小さくなって出ていったことである。

それ以来店には来ていないが、時々街で見かけたものの、どんどんやせていくのが分かりあわれをさそった。その後胃癌で亡くなったことを会社の人から聞いた。

悪意があるのではなく、本人からするとむしろサービス精神の発露なのかもしれないが、結果として周囲に迷惑がかかり、店の雰囲気もおかしくなるとなれば、ある種の強権の発動もやむを得ないのではないかと思う。
このことについては多くの常連からは拍手をもらったが、内心忸怩として今でもいやな想い出の一つである。

頂門一針《ちょうもんいっしん》
相手の急所を突いていましめるたとえ。頂門は頭のてっぺん。ここへ鍼を打つとよく効くという。寸鉄人を殺す。

8 もう来ないで！

しくじったお客の話が続いたが、ここではとどめとも言える話をしよう。前二項ではそれぞれ当方の苦情に対し、お客さんの方から「もうこんな店来るかい！」と縁が切れた例だが、今回は、こちらから「もう来ないで！」と言って絶縁したのだから、決定的な違いがある。

近くの小さな印刷会社の社長と工員の二人が来るようになったのは、DPEをやっているワラシナさんから聞いたということであった。最初のうちは二人で早い時間に来店、次のお客さんが来るまでには帰ってしまうというパターンだった。社長は殆ど酒をやらないためもあり、売り上げは少ないものの、それはそれでありがたいお客ではあった。

そのうちに、工員の方が一人で来るようになってからおかしくなったのだ。仮にこのお客さんをQさんとしておこう。自身ではかなりダンディをきめているつもりらしいが、見るかぎりではひどく野暮ったく見えてしまうのがあわれである。このQさん、話題といったら、その日の気候のことと、自分の仕事である印刷のことに限られる。

相変わらず毎回口あけの一番手のご入来である。だから自由に席を選べるのだが、入って一番左の端、焼き台の前で私の定位置の正面が指定席である。最初のうちこそ印刷のことなどの話をしていて時間を過ごしていたが、そのうち話題もつき、ついには入ってきても「いらっしゃい」だけで終わるようになっていた。

先方も何を話してよいかわからずに一人でチビチビやっているうちに、次々にお客さんが入店、忙しさに紛れて、結果、注文の言葉と「お待ちどうさま」と言って注文の品を出す関係になる。正面で相対しているのにである。

これだけなら何も言うことはないのだが、混んできて隣にお客さんが座る頃には、すでに相当きこしめしていて、やおら隣に話しかけるのだ。たいていは「今日は暑いですネ」とか「日が永くなりましたネ」など無難な話なのだが、相手が乗ってくるといけない。

そのうち全然意味のないことや、やくたいもないこと、その場に全く関係のないことを相手構わず話しかけるのだ。ただ話しかけるだけで、返事を求めていないのだが、隣の人はいい迷惑である。初めての、全く知らないお客なので、どう対応していいのか迷ってしまう。妙に無視して言いがかりをつけられるのもいやだから、邪険にするのも考えものだ。

「新橋には何十件となじみの飲み屋がある」
「一晩七、八軒飲み歩くんだ」
「上野にも何軒も知っている店がある」
「オアシって、お金が歩いてドンドン行くからオアシっていうんだ」
「会社では仕事は全部私がやっているんだ」
「仕事についてはだれにも文句言わせない」

などである。

こんなことを見ず知らずの隣の人から一方的に話しかけられたら、読者諸氏ならどうしますか？　普通の神経を持った人なら、気色悪くなって、早くその場から逃げ出したいと思うだろう。気持ち悪がって、いつも半分も飲まないで早々に帰ったお客さんも少なくても三人はいる。精神分裂症の隣ではとても安心して飲むことなどできないと思ったに違いない。

この他にも何人か被害を受けたお客さんがいて、その人達はこのQさんをが座っているのをみるとできるだけ遠いところに座るようになり、ためにいつも最後にうまるのが彼の右隣の席になる。

このQさん、一人で来るようになってから、何をどう勘違いしたのか、お勘定の際、出したお釣りを置いて帰るのである。「お釣りですョ」と言うのだが、カウンター越しでのこと、置いていかれればそれまでのこと。

先方は、「チップだョ。取っておけ」と思っているのだろうが、だいたいこんな店でチップなど今どきはやりはしない。当方にすれば、自分より若いお客からチップをもらうなど、気色が悪くてかなわない。ついには釣りの小銭に千円札を添えて出すようになっ

たので、

「ウチはチップをもらうような店じゃないんで、これからはやめてください。他のお客さんからも言われているんで…」

小銭を置いていくのを見ていた他のお客さんから「あんなことをされると、十円でもちゃんとお釣りをもらう我々は困っちゃうよ」と言われていたのだ。

この釣り銭騒動はこれで一件落着したのだが、次の問題がでてきたのだ。ビール二、三本に日本酒一杯というのが定量で、それ以上になるとどうなるかわからないので、アルコールはそれ以上出さないようにしていた。この間、やきとりが四本に一品料理が二点ぐらいの肴をとるのだが、お勘定が終わって見ると、それぞれのお皿に少しづつ肴が残っている。

気をつけて見ていると、毎回がそうである。そうなると当方としては気になってくる。折角作って出したのにまずいのかしら、何か味が悪いのかなどと心配になってしまう。しかし続いているところを見ると何か魂胆があるのかもしれない。そこで聞いてみた。

「折角作ったんだけどまずいんですか?」

「……」

次のときもやはり残している。もうこうなったらこちらも意地である。

「何か気に入らないの？　注文したのにもったいないでしょ。一体何が気に入らないの？」

「……」

何を言っても下を向いたまま無言である。

ついに三回目である。このときは、早いお客さんがいて、左端が埋まっていたため、反対側の右端に座ったのだが、運悪く隣に座ったのがQさんを知らないナカノさんである。例によって意味不明のブツブツが始まりこれに耐えかねて早々に退散してしまった。

このナカノさんの中座で頭に来ているところへ、帰ってきた皿を見ると、またまた残している上に、一皿など全然手を付けていないのだ。すでに二度注意している。三度目である。これではケンカを売られているとしか考えようがないではないか。見ると店中が全て顔も名前も知っている常連ばかりである。これなら安心して怒れる。

「これは一体どういうつもりだ。あれだけ言ったのに、私の作ったものが食えないのか。もうこの店に来ないでくれ！　非常に不愉快だ。帰ってくれ」

常連の中から声あり。

「そう怒りなさんな」

「もういいでしょう」

筆者としては、全席常連なのを見極めた上での言動だし、自身ではかなり冷静なつもりでいたのだが、自分の大きな声に刺激されてしまい、少々熱くなってしまっていた。

「もういいから来ないでくれ」

これに対しても、

「……」

である。蛙の面に小便だ。一向にこたえる風もなく無言である。よく考えてみると、熱くなってしまったのは当方の一人芝居で、先方は何も感じていないのだ。あるいは、釣りを置いていくとか、食べ物を残すのが「粋」とか「通」だと勘違いしていたのかもしれない。あるいは先方は「不粋」な奴だと当方をさげすんでいるかもしれない。

ご本人が帰ると急に店中の緊張が解け、口々に筆者への支持を言ってくれたので、ひと安心したことである。

いろいろなことがあるものだ。

怒髪衝天《どはつしょうてん》
激しく怒ったさま。怒りのため髪の毛が逆立って突き上げて天を衝く勢いという意味。
怒髪衝冠。

9　居酒屋が本屋に変わるとき

過去四冊の本を出している。

我々無名の者が本を出すとなるとなかなか大変で、印税をもらうなど夢である。

処女出版（『やきとり酒場の社長業』国書刊行会）の際は、一定数以上売れた場合に印税が支払われる契約で、当面は原稿料代わりとして二〇〇部を無償でもらった。

そこで、店内に次のようなビラを貼って販売に努めた。アルバイト本屋の始動である。

このたび「やきとり酒場の社長業」という本を出しました。

脱サラのこと、お客さんとの交流のことなどを綴ったものです。

是非ご一読下さい。

これが正解で、もの珍しいこともあって、かなり売れ行きがいい。現物支給の二〇〇部はたちまち売り切り、二〇部三〇部と取り寄せることになり、最終的には店で六〇〇部ぐらいが売れた。出版社の実売部数が一万部を少し切るぐらいだったから、全数の六パーセントぐらいを「いな鳥」で売ったことになる。

もっともこれは友人知人がさまざま協力してくれたことが大きい。数冊から数十冊を買って知人に配ってくれた人達も多い。ナオイ君やミノル君、マコト君などは三〇部をまとめて買ってくれた他、カナダ人でバンクーバー在住のウェインさんは七〇冊買ってくれて、東京とバンクーバーの知人に配ってくれた。まとめて買ってもらえたのが大きい。

一部当りの利益は小さいが、まとまれば原稿料ぐらいにはなる。原稿用紙三五〇枚の価としてはたいしてことないとも思えるが、趣味の駄文書きとしては、お金のことより、買って頂き読んでもらい、更に暖かい批評をしてもらうことの歓びのほうが大きい。

二作目（『やきとり酒場の人間模様』国書刊行会）については更に積極的に、出版社で製作してもらったDM作戦を展開した結果、約九〇〇を売った。この中には、一作目を読んで弟子入りを希望して名古屋でやきとり屋を開業していたカトウさんが一〇〇冊まとめて買ってくれたものも含まれている。

店内でもタネイチさんやイロカワさんが各々の社内の人達の注文をまとめてくれて、やきとり屋だか本屋だか判然としない時もあったくらいだ。

大量部数といえば、この人のことは忘れられない。処女出版時から愛読してくれている仙台のタナカさんである。ある会社の部長で出張の折りに店に寄ってくれて交流を重ね、処女出版はもちろん二作目も三作目（『直腸ガン体験』同時代社）もまとめて購入してくれ三作まとめると一五〇部以上になるのではないか。

このタナカさん、どうして地元の本屋で買わないかというと、商売用としてそれぞれ全部渡し先が決まっていて、それぞれの人の名前を入れた署名本とするためである。

前述の通り、無名の者が本を出すのは大変である。本が売れない時代になっているし、本を出したい人は山ほどいるので、いい企画、優れた原稿を持っていってもなかなか採用されない。

筆者の場合でも原稿を書き上げると、コンセプトと目次表を作り、それらしい出版社に検討をお願いするのだが、殆ど門前払いで、中には返事もないものも多い。第一作もいろいろな出版社にプロポーザルを送ったのだが駄目。そのうち新聞で原稿募集の広告を見て申し込んだところ幸いにも拾われた経緯がある。

二作目は同じ出版社でシリーズなのでスムーズに行ったが三作目は、ひょんなことで知った大手新聞の記者のタナカさんから闘病記を頂き、その出版社に同じ闘病気を提案して採用されたものだ。四作目（『産む、死ぬは自分で決める』同時代社）は、従来の身辺雑記的なものと違い、反骨の医師と言われた太田典礼博士の評伝で、資料集めや取材の苦労が報われ出版できたのは前作の出版社の社長と意気が合った賜物である。

ここまで書き進んだものの、この原稿が陽の目をみることができるかどうかは全く分かっていない。

洛陽紙価《らくようしか》

「洛陽の低価、これが為に貴し」、書いた本がよく売れること。晋の詩人在思が書いた本の評判が高く、紙がよく売れ、ついに洛陽（地名）の紙の価格があがった。

10　それでもおしゃべりは続く

居酒屋の楽しみのひとつは、気の合った連中と軽い話題について少し洒落た会話をすることだ。お客さんの中には、酒そのものよりこの軽い会話の方が楽しくてやってくる人もいる。

そこで、会話や座談についての四字熟語をランダムに拾ってみると「異口同音」「音吐朗々」「悪口雑言」「閑話休題」「沈思黙考」「付和雷同」「大言壮語」「面従腹背」「我田引水」「巧言令色」「談論風発」などがある。

店での会話は連れで来店した人達の間だけでのものではない。大体において、同じ会社の人たちで来店する場合、話題はどうしても会社のこと、仕事上のことになり易い。あるいは、カウンターに着席したとたんに「会議」が始まるという場合さえある。サラリーマン社会、仕事中毒の多い日本であれば仕方ないことかもしれないが、居酒屋の話題としては粋さに欠けるきらいがあるのは否めない。

そこで楽しい話題というのは、勤務先が違う人達、つまり利害関係のない人達の間で成立することが多い。気のおけない常連同士の会話がそうである。政治経済のこと、社会問題の論評でもいいし、趣味のことでもいい。会話に参加する人達が、会話そのものを楽しもうとする意思がないといけない。議論することになると、どうしても対立するきらいがあり、結論を急ぎたくなるのでできることなら避けたい。

とはいうものの、人各々会話に参加するにしても、人となりや性格が出るもので、カウンターの内側から観察していると、いろいろな発見があるものだ。

ひとつのタイプが、とりあえず他人の言っていることを否定してから話を始める人である。「悪口雑言」とまではいかなくても、「ウウン、そうじゃない……」と口火を切って、自分の存在をアッピールし会話に参加するタイプだ。典型的なのがニシノさんで、まず否定から会話を始めるため、周囲は「またいつものデンか」といやな顔をすることになる。会話をスムーズに成立させるためのセオリーとして「イエス・バットの法則」というのがあることを知らないらしい。

「談論風発」型も多い。どんな話題にも参加して、自分の知っているかぎりの言葉で会話の中心になろうとする人だ。これらの人達は「我田引水」の傾向があり、会話を自分の得意分野に誘導しようとする。しかし誘導に失敗すると、あまり話題の範囲を拡げてしまい、自ら破綻することがあるから気を付けた方がいい。

「付和雷同」型もいる。なんでも同意してしまうのだ。どんなことでも「私もそう思う」「そういうことだ」と相手の言葉に同意してしまう。さして重要でもないことならその場を盛り上げるのに役立つ。一見「付和雷同」型に見える人達がみんな自分の考え方を持っていると思うのは間違いだ。大事なこと、人格にかかわることなど以外については適当に賛意を表して、会話がスムーズに展開するのを手助けしているのだ。先程の「イエス・バットの法則」のイエスで会話にとけ込み、大事なことだったら、「バット、しかし」とやわらかく反論したらその場はハッピーだ。

「巧言令色」の反対は「誠心誠意」だ。余談になるが勝海舟はよく、「誠心」の代りにだろうが「正心」という言葉を使っている。人の顔色を見てうまく言いつくろい、人の機嫌をとるような人には誠意が感じられない。こういう人達はどこの世界にもいるもののようで、どんな「美辞麗句」を並べたてても、誠意が感じられないかぎり、その言葉に説得力はない。

　話はそれるが、最近の結婚披露宴の司会の多くがプロになっている。これはどうもいただけない。少し前までは、司会といえば新郎の友人か知人と相場が決まっていたのだが、聞くところによれば、司会になると飲み食いができなく気の毒だということで頼まなくなった由。プロはなるほどうまい。進行もきわめてスムーズだ。言葉を駆使して笑わせたり泣かせたりする。しかし、つまるところは「巧言令色鮮《すくな》し仁」である。言葉はつかえつかえでも、誠意のある友人の司会の方がどんなにましかと思うのだがどうだろうか。

さてもうひとつのタイプは、どんな話題にでも一言言わないとすまない人だ。自分がよく知っている分野のことならいいのだが、どう見ても、殆ど経験してないし知らないと思われることにも、一言言いたいのだから困ってしまう。

そのことで何も言わないと、人格が否定されるとか、自分の存在がアッピールできないとでも思うのだろう。的外れのことでも一家言の如くコメントしたりするからおかしくなる。半可道で物を言うのは控えたほうがいい。

一家言言う人ほとんど半可道

などという下手な川柳を作ったことがある。

一言居士《いちげんこじ》
何事についても、一言述べないと気が済まない性質の人。多弁ではないが、ポツリと一言注釈を加えたりする。

11 ひとつの生き方

かつて中野孝次の『清貧の思想』がバブル崩壊後の生き方の指針として売れに売れた。
新聞の投稿川柳に、
清貧の思想を説いて財を成し
などとひやかされた程である。この本の帯に「生活を極限まで簡素化し、心のゆたかさを求める……」とある。
バブル崩壊の大反省から、清く貧しく美しくという謳い文句に大勢がシフトするという、今までも何回となく繰り返されてきた歴史のブレみたいなものだろうか。

大量生産、大量消費、「浪費は美徳」と言われた時代から虚構を生んだバブルの時代へ、清貧のセの字もない時代が続いたように言われてきたが、バブルに踊ったのは大半は企業であり、個人は限られた欲張り連中だけで、多くの健全な人達は、バブルを若干やっかみながらも、結局株にも土地にも手を出さずにいたはずである。

それを今更清貧ではあるまいと思うのだが、かの本があれだけ売れたということは、やはりバブル経済に影響を受けたという負い目がそうさせたのかもしれない。

ずい分古いことになるが、初めての本を出したあと、新聞や雑誌、それにラジオやテレビの取材をかなりの数受けた。その中のひとつに在京のテレビ局があり、電話で、「脱サラでどのくらい収入は増えましたか？　脱サラ→成功→金持ちという図式になりますか？」

という問い合わせである。これは本を読んでいない証拠で、脱サラの本というサブタイトルだけをたよりに問い合せてきたのだった。もちろんそれ以上の取材は断った。

その本には、実労時間の多さ、苦労の多さの割には同年齢のサラリーマンの年収と同じか少ないくらいで、経済的な面から見ると脱サラによって得たものは少ないと書いてあったのだ。

若干長くなるが、その本の最後の部分を引用してみると、

サラリーマンにはさまざまな不満、あつれき、確執などがつきまとい、それらが蓄積してストレスになるわけだが、なかでも人間関係のむつかしさ、いやらしさに対する心理的葛藤は大きい。

また、組織の論理がまかり通るなかでは、個人の立場はきわめて弱い。ときには自分の良心や良識に背いて、組織の命ずるところに従わなければならない。自分に忠実であろうとする限り、組織との調和はなかなかむつかしい。真面目に考えれば考えるほど、事が深刻になるので身の置きどころさえ見失うことになりかねない。個人の自由はなくなってしまう。

これに対し、今のこの自由はどうだろう。脱サラによって生じた別のストレスはあるとはいえ、今では胃の痛くなるようなことはまったくないし、人間関係で悩むこともなくなった。これこそ脱サラに求めたものであり、求めたことの大半のものは今この手に握り取れたと確信している。

心の平和こそ、自分に忠実に生きることこそ、人生にとって最も大切なことだと思う

のである。

二〇年ぐらい経った今読み通してみても思いは全く変わらない。経済的に豊かになることはそれ自体いいことだし、働くことの大きな意味もお金を稼ぐことであるに違いない。しかし、金、かね、カネだけではいかにも空しい。お金は多い方がいいには違いないが、必要以上多いとロクなことはない。親が遺した財産が多いことによる悲劇はいくらでもころがっている。

一生をどんなに楽をして、どんなに楽しく生きたかでその人生の価値が決まるわけではなく、どこまで自分に忠実に生きたかできまるのではないだろうか。もうここまで来るとドラスチックな変革はできないし、する気もない。だから、ごくありふれた小商人で後半生を終わることになるわけで、経済的に見れば中小企業の管理職並で終わるだろう。少し負けおしみになるかもしれないが、精一杯自分に忠実に生きてきた意味をかみしめている昨今である。

巣林《そうりん》一枝《いっし》
章の前文で既述。

12 医療評論家

新聞をよく読むほうである。自宅では読売、店では毎日をとっている。

少し前のことだが、毎日の夕刊に、政治経済について極めてドラスチックな論を張るコラムがあって、ある日、当時袋だたきであった大蔵省に対して、更に厳しい鉄槌を下す文章があった。

筆者は田中良太とあり、署名記事である。この人が記者なのか外部の人なのか分からないが、当時不祥事をおこした高官のひとりと東大同期なのを明らかにした上での、痛烈な追及である。

メディアの伝える大蔵省のていたらくに怒り心頭だった筆者は、思わずペンを執って、この田中さん宛て、賛意とエールを送った。街の居酒屋は客足がすっかり落ちて、不況風にきゅうきゅうとしているのに、大蔵官僚のあの無様はなんだという趣旨である。

言いたいことを書き送って、少しは溜飲がさがって、そのことを忘れかけた頃、やけになれなれしいノーネクタイの二人の中年男のご入来である。「イナコさん、手紙をもらった田中です」が第一声。だんだん聞くところでは、毎日新聞の記者で編集委員の由、一緒に来た人は同僚で、夕刊の別の一面の編集を担当しているとのこと。

いっとき官僚批判談義が続いたが、いつの間にか健康の話になったのは、それ相当の年をとった証拠か。同行の彼の言うには、田中さんは少し前に脳卒中を患ったらしく、そういえば片方の手が少々不自由そうに見える。

「田中はいろいろ本を出しているんですが、脳卒中の本も出しているんですよ」

「そう、ではこの次来る時にその本を持ってきましょう」

「それはありがとうございます。実は私も二冊本を出しているんですよ。それじゃ、その闘病記とバーターでこれを進呈しましょう」

というわけで「やきとり酒場の人間模様」という拙著を差し上げた。

間もなく二度目のご入来。この時は日本経済新聞の記者と一緒である。

「マスター、この人あなたの高校の後輩ですよ」

驚いて聞くと、先に贈った本を読んで私が卒業した高校を知り、かねて知り合いの同業の後輩を連れてきたとのこと。

この時頂いたのが『私の脳卒中体験』（同時代社）で、もう一冊『中枢腐敗』（花伝社）をもらった。この『中枢腐敗』のオビには、堕落した大蔵官僚中島義雄君への決別の書とあり、中央官庁と政治家への痛罵に満ちていて、田中記者の怒りに満ち満ちたものである。

田中さんの言うところによれば、脳卒中体験記発行の同時代社の社長である川上徹さんも東大の同期で、そんな関係から同社から出版した由である。

その頃、少し前に体験した直腸ガン切除の体験をもとにした闘病記をまとめており、ほとんど完成していて、出版元をさがしていたので、折角の縁ということで、川上社長に出版を引き受けてくれるよう手紙を送った。ひょんなことで友人の田中良太さんを知ったこと、脳卒中体験を読んだこと、この流れで直腸ガン闘病記の出版を検討してもらいたい旨である。

検討しようという返事があり、原稿を読んでもらい、快く出版を引き受けてもらい、出したのが『直腸ガン体験』である。
『直腸ガン体験』出版の三年後、産婦人科の医師で、太田リングの発明者である太田典礼博士（一九〇〇～一九八五）の評伝『産む、死ぬは自分で決める』を同じく同時代社から出版することになった時のことである。

発行に先立って出版社は、簡単なパンフを作って書店など関係者に配って、予約をとったり広報活動をするものだが、そのパンフをもらって驚いた。著者名稲子俊男はいいのだが、名前の前になんと「医療評論家」と麗々しく書いてあるのだ。本人はズーッと居酒屋のオヤジで通してきたし、これからもこれが変わることはあり得ない。

そこで考えた。なにしろ医師の評伝という割合堅い部類の本であり、二三〇頁余のハードカバー（私としては初めて）の体裁も整った本なので、出版社としては著者のタイトルを居酒屋主人とするわけにはいかず、以前出版した闘病記の著者だから、医療評論家と冠したのだろう。文句を言おうと思ったが、おとな気ないので出版社には黙っていた。

悪友たちにも見せていないので「なんだお前、いつ医療評論家などというエライ人になったんだ？」とひやかされずに済んでいる。それにしても、評論家と称する人間のいかに多いことか、何かについての本を出すとすぐ○○評論家になってしまうし、テレビで何かをしゃべると、たちまち××評論家と呼ばれるようになるのを見るにつけ、マスコミというのはつくづく肩書の好きなところだとあきれてしまう。

羊頭狗肉《ようとうくにく》

羊の頭を看板に出し、犬の肉を売るようなインチキ商売のたとえ。看板に偽りありということ。

第六章

どっこい生きている

サラリーマン生活がまる二〇年だったのに対し、居酒屋稼業の方が長くなり二五年になる。四半世紀が過ぎたわけだ。オギャーと生まれた赤ん坊が二五歳の青年になっているわけで、長い年月である。

使い古された言葉は使いたくないが、この間、まさに山あり谷ありの起伏に富んだ半生だったといえる。なにしろパパ、ママストアのこと、片割れが故障がおきて店へ出られないとなるとおおごとである。筆者の方が休むとなると、看板のやきとりが全くお手あげになるし、妻がいないと補助的な仕事がストップして、店がまわらなくなる。

そんな、危機といえるような不慮の出来ごとが、今までに前後三回あった。なかでも最大のものは、筆者の直腸癌の摘出手術と療養による四ヶ月間の離脱である。

商売をやめてしまうか、長期の休業をするか、あるいは細々でも営業を継続するかで迷ったが、妻の「ひとりでやってみましょう」という心強い一言をかって、やきとりなしの商売をなんとか続けて、危機を回避することができた。成人して勤めに出ていた娘に時々応援してもらったのが大きい。

あと二回は、妻の骨折と内臓疾患による入院で、共に一ヶ月程度であったが、これも娘の協力を得ながら、なんとか休業しないで切り抜けることができた。

どんな商売でもそうだろうが、一旦店を閉めてしまうと、お客を呼び戻すのは至難の業である。無理して続けたのが正解だった。

1　順調な船出

前にも触れたように、店は西新橋のオフィス街の小路の一角に位置している。東京中をさがしまわって、ようやくみつけた店のロケーションは、辞めた会社の近くである。もちろん土地勘もあったし、やはり会社の近くであることが決めての大きな要素であった。

商売を始めるに当って大切なことのひとつは、スムーズな立ち上がりである。スタートでつまづくと立ち直るのが大変だし、精神的に参ってしまう。ひいては、早期の撤退という最悪の事態にもつながりかねない。全然利益をあげないまま、店舗の造作や初期投資がそのまま赤字になってしまう。その上、でき上がったばかりの造作をこわして現状回復のための費用まで払う羽目になりかねない。

居酒屋開業が四二歳の時、それまでの間にできた友人知人はかなりの数になる。小中学校や高校、大学時代の友、それに会社時代の友人同僚、そして仕事を通して知り合った取引先や業界の人達などだ。

開店に先立って、これらの人達に開店の挨拶状を出した。辞めた会社には直接出向いて、社長をはじめ同僚や後輩達にPR活動を展開した。

これらの働きかが効を奏したのか、開けてみると連日のご入来で盛況なオープニングとなった。ありがたいことである。計算機屋から居酒屋オヤジへの転職だから、皆面白がって異常な関心の高さだ。めずらしいもの見たさや、ひやかしで、たいていは一回か二回、多くて三、四回で終わりだが、中には続けて来店してくれて、今でも続いている人達も多い。

そうこうしているうちに、一見のお客さんの中から二度、三度と続けて来てくれる人も徐々に多くなり、予想していたよりも早目に、常連群として定着するようになった。

つまり、友人や知人に立ち上がりで助けられ、その間に軌道に乗るベースが築かれることになったわけである。もし、知っている人が全くいない土地でのスタートだったら、その後の二五年の歴史はなかったかもしれない。

少々準備不足のスタートだったこともあり、最初の二ヶ月ぐらいは、何をやってもスムーズに進まず、自信を失いかけたのを想い出している。店舗の賃貸契約をしてすぐ改装を始め、同時進行でやきとりを中心にした仕込みや焼き方、値付けやお客さん応接の修業である。

特に、焼き方は奥が深く、備長炭の扱い方を含めて、インスタントに習得できるものではなく、中途半端の状態での開店だったため、毎日ホンバンでの試行錯誤の連続となってしまった。なま焼けだけは避けたいと、黒こげにしてしまったり、串が焼け落ちたみじめなやきとりが並んだりと散々である。当時のお客さんこそいい迷惑だ。

その上、慣れない頃は、カウンターのお客さん全員に見つめられているように思えて、上気してしまいやらなくてもいい失敗を繰り返すという有様である。

緊張で引きつった顔を見た友人達が「オイ、少し肩の力を抜けョ」とか「笑顔、エガオ！」などと声をかけてひやかすのだが、こちらはそれどころではない。チラッとそいつの顔を見るだけで、笑顔などとても返せるものではない。

しかし、習うよりは慣れろの言葉通り、一ヶ月が経ち二ヶ月が過ぎる頃には、串を焼いている最中でも、お客さんの軽口に対応できるようになり、お客さんの顔色を読み取れるようになる。余裕ができると、お客さんとの会話に積極的に参加し、新しいお客さんの名前も徐々に覚えていく。その人達が順次常連になって、知らないお客さん同士の交流も進むようになる。当初自分なりに描いていた居酒屋の雰囲気、風景がだんだんに定着してきたのだ。

一年はまたたく間に過ぎた。そこで一周年を記念して、三日間の割引をしたところ、どういうわけかこれにお客さんの反応なし。来客数はむしろ落ちてしまった。だから、二周年は何もしないでおこうと考えていたところ、会社時代からの兄貴分であるワタナベさんが音頭をとって、常連会を立ち上げて、貸し切りにして二周年を祝ってくれた。

この常連会(「いな鳥会」という)、その時々で盛衰はありながら、今でも続いていて、暑気払いや忘年会をやっている。長い歴史があるので、メンバーは大きく変わっていて、最初から続いているのは三、四名くらいか。

日本の経済成長と軌を一にして、売上げも順調に伸び、少々マンネリ化はしたものの、安定期が続いた。そんな中で先に触れたように直腸癌を患ったり、妻の病気があったりしたが、大過なく乗り切ることができた。日本経済がバブルに酔い出したのがその頃で、消費は盛んになり、飲食関係もおおいに潤ったものだ。

右肩上がりの成長となり、だれもがいつまでもこれが続くものと信じていた。

2　道楽

商売が軌道に乗ってくると、忙しくなるものの、そこは要領もよくなり、自由に使える時間も少しずつ多くなる。そんな状態が続くと、知的な世界からどんどん遠ざかるようなあせりみたいなものを感じるようになる。

サラリーマン時代、特に知的な仕事をしていたわけではないが、企画畑が長かったこともあり、読んだり書いたりする仕事が比較的多かったためのノスタルジーだったかもしれない。

そこで思い立って、脱サラの体験記をものしようと、ドキュメント風に書き溜めていき、新聞広告でみつけた原稿募集に応募したところ、幸いにも採用され「やきとり酒場の社長業」（国書刊行会）というタイトルでの処女出版ができた。

サブタイトルが「脱サラ課長繁盛記」となっていて、当時〝脱サラ〟という言葉がもてはやされ出したためもあってか、無名の者が出した本としては割合よく売れた。出版して一ヶ月ぐたい経つと、読者の来店が相次いだ。都内は言うに及ばず、出張の折に訪れてくれる人達は北は仙台から南は福岡まで、かなりの数にのぼった。そうした人達の中で、今でも思い出したように寄ってくれるお客さんも数人いる。

少し売れ出すと、マスコミが動き出し、新聞雑誌の取材が次々にあり。十数紙誌にのぼった。ラジオ出演があったり、関西のテレビ（朝日放送）の三枝と枝雀のトーク番組に出演したりと、初の経験だけに戸惑うことも多かったものの、これが商売にプラスした。

次々にマスコミが取り上げてくれたお陰で、読者や視聴者のお客さんがふえるという副産物があって、道楽ともいえるもの書きが、商売にいい形ではね返ってくれたわけだ。

脱サラによる居酒屋開業がテーマだったので、来店した読者の中に脱サラ志望者がいて、五、六人から相談を受けた。それらの人達には、危険がいっぱいの脱サラなどあきらめて会社勤めを続けた方がいいと説いたのだが、仕込みや焼き方、タレの作り方などを手ほどきした人も数人いる。うち二人が居酒屋を開業している。開業して一〇年ぐらいは音信があったが、その後それも間遠になり、近頃は連絡が途絶えている。

第一作目の本が意外に売れて、読者の来店は優に一五〇人は超えたので、これに味をしめ、以後も出版を続けたが、そう世の中甘くない。

ところで、本を出すと、店はたちまち居酒屋が書店兼業に変身することになる。壁に大きく「好評発売中」などとビラを貼って、時には「本を買わない人には飲ませないョ」とおどかしたりする。何部かまとめて買ってくれて知人に配ってくれる人もいて、いつでも全国の書店中、いな鳥書店が売上げトップである。

居酒屋のオヤジとお客さんの関係が、著者と読者の関係に変わるのだが、知的レベルの高いお客さんが多いことが幸いして、本が売れると同時に、酒の肴として話題を提供することになり、多少なりとも売上げ増につながっているのではないか。

道楽がこうじて本業がないがしろになっては元も子もないが、忙しい日常の中で、時間をみつけて全く違った分野の趣味道楽を楽しむのは、本業にもいい影響があるのではないか。

3　ぬかるみ

十数年安定成長を続けた商売は、バブル期に入るとかつてない程の盛況を極めた。繁盛はいつまでも続くとだれもが信じたし、人々はバラ色の夢を見続けた。経済がバブル化した時特有の心理状態である。

株式はうなぎ登りに高くなり、土地は高騰を重ねた。銀行も株屋も不動産業者も、ここを失途をあおった。無定見で無節操な経済評論家も尻馬に乗って無責任にさえずったものだ。

経済の健全で安定的な成長に責任を負うべき政治家や官僚たちも、何の手も打てずに傍観するばかりである。

泡が目一杯大きくふくらんだところではじけた。一転して株式も不動産も急降下である。大不況が日本経済をおおった。バブル経済をソフトランディングで終息させなければいけなかった政府の責任は計り知れないものがある。

やけにこむずかしいことを書いたが、わが商売は高度成長→バブル→バブル崩壊→不況→大不況と、この二〇年余りの日本経済の盛衰に見事なまでに同調して、現在大不振の真っ只中であえいでいる。

売上げだけをみると、十数年で倍増したのが約一〇年で半減した。最近のデータでは半分以下に落ちそうである。利益をみれば三分の一以下になるのではないか。天国を見たわけではないが、地獄に近いものは日々体験している。ぬかるみに入り込んだようだ。この大不況を招いた責任者、出てこい。怨み節のひとつも出ようというものだ。

サラリーマンの世界では、ボーナスの減額は常識、賃金カットも視野に入りつつあるようだが、自営業の場合も冷酷極まりない。実入りが一挙に三分の一以下にもなるし。大きな借金を抱えて倒産という悲劇も待っているのだ。

そんな儲からない商売など、さっさとやめてしまえばいいじゃないかと思われるかもしれないが、ことはそう簡単ではない。四〇年以上働きづめできた身にとって、日々の仕事が全くなくなってしまうことに耐えられないと恐れているのだ。することもなく長い時間を持て余すなど死ぬほど退屈ではないか。究極の貧乏性なのだ。

現状は、大のオトナが一年働いて得るものとしては、お笑い草のような収入だが、数ある飲み屋の中から選んで足を運んでくれる常連がいるかぎり、その常連との軽い会話を楽しむためにも、今暫くは商売を続けることにしようと、自らを奮い立たせているところである。

さて、サラリーマンをやめて、しがない居酒屋のオヤジに転進したことに悔いはないかと問われれば、即座に満足していると答えるだろう。ひとつには、やってみたいと思っていた商売ができたこと、二毛作人生を味わえたことであり、もうひとつは、会社をやめて独立したことで、組織の冷徹な論理から解き放たれ、サラリーマン特有のストレスが霧散したことである。組織の中では上下左右前後の人間関係があり、これがストレスの元凶になることが多い。ひとりぼっちではあるがお山の大将でいるかぎり、サラリーマン時代に感じたしぶといストレスとは縁なしで過ごすことができた。

経済的にみれば、サラリーマンでいた方がよかっただろう。しかし、負けおしみで言うわけではないが、人はパンのみにて生きるに非ずである。組織を離れたことでストレスからは解放されたし、かねて強い想いを持っていた著作ものすことができた。なによりも、この間多くの素晴らしい出会いに恵まれ、人生にかけがえのない彩りを添えてくれた。経済的な不足を補って余りあるものがある。

あとがき

『やきとり酒場の社長業』『やきとり酒場の人間模様』（いずれも国書刊行会）が、自身の商売について著した二作だが、本書は、やきとり酒場シリーズの完結編というつもりで書きためたものの中から、エッセイ調の部分を捨てて、居酒屋経営のハウツウ的な部分をまとめたものである。

店は四半世紀つづいたものの、やってきたことは全くの小商売で、他人様《ひとさま》に誇れるほどのものは何もありはしない。そこにあるものは、ただただ永い年月、あきずに、ひたすら愚直に、同じことを繰り返してきた歴史だけである。

大不況のなか、企業の再建策の一環としての人員整理がつづいていて、それを機会に小さな商売でも始めようと目論んでいる人が多いと聞く。そういう方々にとって本書は、中途半端なハウツウもので、参考にならないだろう。具体的な商売の始め方などは、たくさんの類書があるので、そちらを参考にされるとよい。

それでもなお、筆者の話を訊いてみたいという方がおれば、時間の許す限り喜んでお話しする用意はある。やきとりを中心とした居酒屋稼業のノウハウや、商売を始める際の心得とか心構えなど、お伝えできることは多いと思う。

第六章でもふれているように、商売の現況は箸にも棒にもかからないような、世紀末的な様相を呈している。奈落に落ちた日本経済の先行きが全く不透明なのと軌を一にして、一向に曙光が見えてこない。だからといって、お客さんから見放され、退場命令を突きつけられてスゴスゴ消えていくのは寂しいし、矜持が許さない。もうひとふんばりが必要な時だろう。

友人たちの多くは定年でリタイアし、常連の中でもかなりの人たちが引退しているが、それらの人たちが「都心に、フラリと寄れて気のおけない店があるのは心強い」とか「安心して友だちと落ち合える場所を、いつまでも続けてよ」などと言われると、心は揺れながらも商売をつづける大きな支えにはなる。

経済の不振と活字離れという二重苦をかかえる出版業界は、未曾有の大不況下にあるが、埋もれてしまうおそれのあった原稿が、なんとか陽の目を見ることができて素直に喜んでいる。

世の中の酒飲み諸氏には、カウンターの中のオヤジが、どんなことを考えているかを理解したうえで居酒屋に出動することにより、これからの酒席がより楽しいものになることを念じている。そして、読者諸氏の酒がおいしく飲めるように、少しでもお手伝いができたとすれば望外の喜びである。

二〇〇三年一月

西新橋「いな鳥」のカウンターで　　稲子俊男

稲子俊男（いなこ・としお）
1935年千葉県生まれ。明治大学商学部卒。タイガー計算器入社、労組委員長・企画課長を歴任後、1977年、東京・新橋にやきとり酒場「いな鳥」を開業。日本尊厳死協会評議員。
【著書】
『やきとり酒場の社長業』（国書刊行会）、『やきとり酒場の人間模様』（国書刊行会）、『直腸ガン体験』（同時代社）、『産む、死ぬは自分で決める』（同時代社）〔日本図書館協会選定図書〕などがある。

第２の人生で居酒屋を始める

2003年2月5日　初版第1刷発行

著　者　稲子俊男
発行者　高井　隆
発行所　㈱同時代社
〒101-0065　東京都千代田区西神田2-7-6
電話03-3261-3149　FAX03-3261-3237
印刷・製本　㈱ミツワ

ISBN4-88683-492-2